AF229173

EN AFRIQUE

EN AFRIQUE

RECHERCHE

D'UNE STATION HIVERNALE

SUR LES CÔTES D'ALGÉRIE

PAR

Le Docteur Maximin LEGRAND

Ancien chef de clinique de la Faculté de Paris, à l'Hôpital de la Charité,
Médecin-consultant aux Eaux d'Aix-les-Bains (Savoie),
Membre honoraire de la Société médico-psychologique,
Correspondant de l'Académie de Dijon, etc.

PARIS

CHEZ L. MICHAUD, LIBRAIRE-ÉDITEUR

RUE DE GRAMMONT, 14

—

1878

« Voici l'hiver, voici la neige ! »

Ainsi chante une des plus jolies romances de M. Charles Poisot. C'est le moment, ami lecteur, de se sauver au pays du soleil. Ne le voulez-vous pas ? Un de mes vœux les plus persistants, mon rêve le plus obstiné a toujours été de passer une année de ma vie sans hiver, une seule ! Est-ce donc si déraisonnable ? Cette joie me sera-t-elle refusée ? Je ne sais, mais il faut se hâter, car bientôt l'âge arrive où, dans tous les pays, les années, hélas ! ne sont plus que des hivers.

Peut-être bien, si vous êtes Parisien, cher lecteur, vos désirs ne sont-ils pas les miens. Pour les vrais Parisiens, la saison froide a des attraits sans pareils. C'est le temps le plus actif des relations sociales et des fréquentations fructueuses, des concerts, des spectacles, des longs dîners, des soirées où l'on peut marquer son respect des convenances, soit en jouant au whist, soit en regardant, avec gravité, les décolletages les plus téméraires. Pour les Parisiens moins foncés, beaucoup de ceux qui ne demanderaient pas mieux que de s'en aller, ne le peuvent pas, — j'en sais quelque chose. Et puis, les médecins qui me font l'honneur de me lire, qu'ils habitent Paris ou la province, sont retenus bien plus par les obligations professionnelles que par les plaisirs ou les distractions. Ils ne sont pas libres de choisir ce qui leur agréerait le mieux. Mais tous, je le crois, ne sont pas fâchés de courir un peu le monde sans se déranger, et de se laisser emporter, pour une heure ou deux, sur les ailes de papier du feuilleton, vers les régions où il fait doux, où il fait beau, où cela sent bon.

Fermez donc votre fenêtre au brouillard, oubliez la pluie, mettez sur vos chenets de bonnes bûches, — qui ne sont que du soleil en bâtons, — ou, sur la grille du foyer, de la houille et du coke, — qui ne sont que du soleil fossile, et partons !

Nous allons dans une autre partie du monde, sans, toutefois, sortir de notre France bien-aimée.

CHAPITRE I

Le trajet de Paris à Marseille (863 kilomètres, 216 lieues moins un quart, ancien style) se fait maintenant en quinze heures vingt-cinq minutes; soit à raison d'un peu plus de quatorze lieues à l'heure. On part après dîner et l'on arrive pour déjeuner. N'est-ce pas prodigieux? — Point du tout! C'est tout simple. — Prodigieux ou simple, cela dépend de l'âge qu'on a. Si vous datez du temps des diligences, vous n'aurez jamais fini de vous émerveiller. Quand vous vous rappellerez les quatre nuits et quatre jours et demi que vous passiez engrené, interdigité comme une suture synarthrodiale, dans un compartiment de diligence, alors que ce mode de transport avait acquis son summum de rapidité, le progrès réalisé par le chemin de fer vous semblera absolument du domaine de la féerie. — Pardon de l'assonance et du rapprochement. — Si, au contraire, vous avez eu le bonheur de venir au monde après l'application de la vapeur à la traction, vous ne comprendrez pas, — mais pas du tout, — qu'on puisse admirer une chose aussi banale, aussi grossière qu'une locomotive et des wagons qui, d'ailleurs, laissent tant à désirer. C'est ainsi que se distribuent nos appréciations, et il ne saurait en être autrement. Je veux seulement indiquer une remarque à propos des trajets rapides; c'est qu'ils sont ou qu'ils paraissent moins fatigants que les trajets plus courts accomplis lentement. Tous les Américains s'accordent à reconnaître qu'on supporte avec moins de peine les trois jours de rail-way qui séparent la Nouvelle-Orléans de New-York, que la nuit qu'il faut passer entre Bordeaux et Paris. Cela tient sans doute, en grande partie, au mode d'installation des wagons; mais cela est aussi en rapport, pour une part, avec la marche même du train. La satisfaction d'aller aussi vite que possible est un baume ; tandis que l'ennui d'aller lentement et de s'arrêter à chaque instant quand on est dans une machine qui ne demande qu'à dévorer l'espace, produit l'énervement et le brisement des forces.

Nous sommes donc à Marseille, point du tout fatigués et avec un appétit d'enfer. Oh ! la belle ville ! Garçon ! une bouillabaisse, tron de l'air ! et n'oubliez pas les tranches safranades ! — Ce mets, pour ainsi dire national, est excellent sans doute, mais il l'a toujours été, et, comme les choses arrivées depuis longtemps à la perfection, il tendrait plutôt à fléchir. Il est certain que la première bouillabaisse qui nous fut servie, aux Catalans (— T'en souviens-tu, mon vieil ami Prudent ?), était plus accentuée, plus mordante que celle-ci, et m'avait laissé le souvenir de quelque chose de plus éclatant et de plus vif. Elle s'adoucit, elle devient comme il faut ; cela fait trembler. Elle perdra peut-être bientôt son caractère. Quant à la ville, il est possible que quelques-uns de ses vieux enfants regrettent aussi l'effacement du carac-tère de certains quartiers. Mais pour l'étranger, pour le passant comme moi, quels progrès accomplis depuis mon dernier voyage ! Quelle merveille ! D'abord, la Cannebière, vraiment unique au monde, la Cannebière légendaire a triplé de longueur depuis que je ne l'avais vue. Elle s'étend maintenant du port jusqu'aux allées de Meilhan, à la rencontre du boulevard Dugommier et du Musée. Figurez-vous le boulevard des Italiens barré par une flotte de douze cents navires. Il est certain que c'est fort beau, et que, malgré l'exagération du fameux mot marseillais, on peut bien convenir qu'à Paris on ne voit rien de pareil. Est-ce à cause de son étendue plus grande qui permet de voir le port de loin et de haut ; est-ce à cause de la Bourse nouvelle, ornée des sculptures monumentales de Guillaume et de Toussaint, mon ami regretté, sur laquelle s'appuie un des côtés de la Cannebière, et qui remplace l'ancienne Bourse provisoire, si pittoresque pourtant ? Je ne sais, mais l'impression que j'éprouvai, en la revoyant, fut très-vive et plus grande que le souvenir qui m'en était resté. En général, c'est le contraire. La première prise de possession par les yeux cause une émotion plus forte que la seconde. Mais aux causes réelles, objectives que je viens d'indiquer pour expliquer cette anomalie singulière, il faut peut-être ajouter une raison toute subjective, que voici : Quand je vins pour la première fois à Marseille, on m'avait tellement vanté la Cannebière, que je trouvai la chose au-dessous de l'idée que je m'en étais faite, et toute désillusion est maussade. Les provinciaux qui ont longtemps rêvé de Paris, éprouvent d'abord un désenchantement ana- logue. Du moins, il en était ainsi du temps du vieux Paris, de celui que nous avons la bêtise de regretter, tout en admirant le nouveau. Il fallait un assez long séjour pour en juger la proportion, et, comme disent les architectes, pour se mettre à l'échelle. Au début, les nouveaux débarqués ne trouvaient pas la cour des Tuileries plus grande que la place d'armes de leur endroit. Donc, réparation complète, et toute mon admiration à l'incomparable Cannebière. Quoi de plus beau encore et de plus magnifique que la rue de la République, qui va du vieux port à la Joliette? Quel dommage que l'ex- trémité n'en soit pas achevée! Mais il reste si peu de maisons à construire que ce sera l'affaire de quelques jours quand nous aurons enfin la sécurité qui nous est due, et, soit dit sans nous flatter, que nous méritons si bien. Je demandais ce qu'il y a de plus beau, à Marseille, que la rue de la Répu- blique? Eh bien, c'est le Château-d'eau, le palais des arts de Longchamp, situé au bout et au-dessus du boulevard de ce nom. Je ne crois pas que depuis le bosquet de la colonnade, par Mansard, dans le parc de Versailles, et le Garde-meuble (aujourd'hui hôtel Crillon et ministère de la marine) de la place de la Concorde, par Gabriel; je ne crois pas, dis-je, que l'architecture moderne ait produit une œuvre aussi char- mante et aussi parfaite.

M. Henri Esperandieu, mort à peine âgé de 40 ans, à la fin de 1874, a construit ce Château-d'eau pour relier le musée des tableaux au Muséum d'histoire naturelle. Barye a sculpté le tigre, la panthère et les deux lions qui gardent l'entrée du jardin. A M. Cavelier a été confiée l'exécution du groupe principal qui représente la Durance, ayant à ses côtés la Vigne et le Blé, ainsi que des trois frises qui se développent sur le front du monument et des musées. M. Lequesne a sculpté les deux tritons qui sonnent de la conque à droite et à gauche, les génies qui portent des corbeilles de fruits sur les colonnes triomphales, et les armes de la ville qui dominent le tout. Les griffons, les faunes, les termes et les médaillons sont dus à MM. Gilbert, Poitevin et Maurel. Tous ces travaux sont remarquables et concourent à la perfection de l'œuvre. Mais, en somme, ils n'en forment que les détails, et, fussent-ils médiocres, que le monument lui-même n'en resterait pas moins admirable tant l'ordonnance en est belle, et heureuse la proportion.

Ce mélange de bâtiments dans le style Louis XIV et Louis XV, de sculptures et d'allégories, de fleurs, de colonnes et de terrasses à l'italienne qui se découpent sur le ciel bleu du Midi, forme en quelque sorte le trait d'union entre l'art architectural français et italien, comme Marseille elle-même tient le milieu entre Paris et Rome. Oui, l'étranger qui n'aurait qu'une heure pour voir Marseille, et qui, partant du vieux port, remonterait la Cannebière et suivrait ensuite les allées de Meilhan, le cours du Chapitre et le boulevard de Longchamp jusqu'au Château-d'eau, n'eût-il vu que cela, tiendrait certainement Marseille pour une des plus belles et des plus plaisantes villes du monde.

Pour peu qu'il en connaisse l'histoire et qu'il ait pu apprécier l'amour passionné que les habitants portent à leur pays, il lira sans étonnement l'inscription suivante, à laquelle il est difficile de reprocher un excès de modestie :

« Massilia phocensium filia, Romæ soror, Carthaginis terror, Athenarum œmula. Altrix disciplinarum, Gallorum agros mores animos novo cultu ornavit. Illustrat quam sola fides muros quos vix Cæsar cesserat contra Carolum V meliori omine tuetur, omnium ferè gentium commerciis patens Europam quam modo terruerat modo docuerat alere et ditare gaudet. »

Añ MDCCXXVI. Regn. Ludov. XV.

Les marbres porteurs d'inscriptions ne sont pas tenus, sans doute, d'être modestes. Il semble même qu'à Marseille ils se dispensent d'être froids. Je ne parlerais plus de celui-ci s'il ne consacrait une croyance séculaire qu'ont fortement ébranlée, sinon détruite sans conteste, les travaux et les fouilles de ces dernières années. Marseille ne serait pas une colonie phocéenne fondée, selon l'opinion commune, 600 ans avant J.-C. Son origine serait plus ancienne encore. En 1845, on découvrit, tout près du terrain où fut construit plus tard, en 1852, la nouvelle cathédrale, une inscription phénicienne remontant aux premiers âges de l'écriture lapidaire, et donnant le tarif des droits de sacristie du temple construit à Marseille en l'honneur de Baal. On voit que de tout temps les prêtres ont vécu de l'autel.

En 1863, lorsqu'on fit, pour percer la rue de la République à travers les vieux quartiers, une tranchée qui atteignit en certains points jusqu'à 25 mètres de profondeur, on mit au jour des dieux de pierre dont les analogues furent retrouvés dans les ruines de Carthage. Abandonnés par les Phéniciens à l'époque de l'invasion phocéenne, ils prouvent, selon M. Piesse, que la fondation de Marseille est, en réalité, phénicienne, et que son antiquité remonte à 800 ou 900 ans avant l'ère vulgaire. L'inscription du temps de Louis XV, rapportée plus haut, est donc à corriger et à amender, — ce qui devrait être le but de toutes les corrections.

J'en ai fini avec l'érudition ; cher lecteur, pardonnez-moi. Les voyageurs, voyez-vous, sont terribles. Revenons à mes impressions personnelles :

De ces vieux quartiers, troués par les grandes voies nouvelles, je n'ai pas même aperçu les restes. C'est là cependant que s'accentuait la physionomie particulière et pittoresque de l'antique cité. C'est là, dans des rues étroites horriblement malpropres, nauséabondes, que s'enfonçait, non sans quelque appréhension, le voyageur à la recherche de la couleur locale. Il n'en sortait pas toujours indemne. De temps en temps une fenêtre s'ouvrait, et malheur à l'imprudent qui n'avait pas su se garer. Ce n'était pas dangereux ; c'était pire ! On raconte qu'un passant ainsi éclaboussé se plaignait un jour vivement, et disait qu'il voudrait bien savoir qui l'avait arrangé de la sorte. Un voisin s'approche, flaire gravement la chose, et dit avec l'accent : « Cuisine au beurre; c'est le Parisien du troisième! » Comme diagnostic, rien de plus remarquable. Mais il déplaît, paraît-il, aux Marseillais qu'on rappelle ces souvenirs. Aussi bien, c'est de l'histoire ancienne, et l'on peut, surtout si l'on est pressé, s'en tenir aux larges, clairs et superbes aspects de la cité moderne. Les cafés, très-nombreux sur la Cannebière, et très-fréquentés, sont remarquables, comme l'Opéra de Paris, par l'excès de la décoration et de l'ornementation; ils sont remarquables également par l'ampleur des dimensions et par l'élévation des plafonds. Il y a de l'espace, et on n'y étouffe pas comme dans la plupart de ceux de la capitale. Sur la table sont placées d'élégantes petites lampes à gazogène, munies d'une sorte de goupillon, à l'usage des fumeurs. C'est plus propre et plus commode que les allumettes. J'en fis l'observation, et le garçon me répondit d'un accent pénétré : « Monsieur, il y a beaucoup de choses à Marseille qu'on ne voit pas à Paris. » Il avait raison.

J'ai dit que nous étions pressés. En effet, nous n'étions pas venus à Marseille pour nous amuser, mais uniquement pour nous y embarquer à destination de la côte africaine. Cependant, je tenais à remettre moi-même à M. le docteur Sirus-Pirondi, une lettre de notre ami commun, le docteur Leudet, des Eaux-Bonnes. Nous allâmes donc rue Sylvabelle, — un joli nom et une rue tranquille. — Le docteur Pirondi était chez lui. En l'attendant, je fis de vains efforts pour me rappeler en quels termes j'avais, il y a longtemps, parlé d'un de ses ouvrages dans un journal de médecine (*l'Union médicale*). Je savais bien lui avoir consacré un article, mais, à propos de quoi? Je ne m'en souvenais pas. Avais-je été bienveillant? M'était-il, au contraire, arrivé de vouloir me conformer au précepte de Chamfort, qui dit « qu'un journal sans malice est comme un vaisseau démâté auquel les corsaires mêmes refusent le salut »? Cela me tourmentait un peu, et je regrettais de ne m'en être pas assuré avant de quitter Paris; mais le temps m'avait manqué. Au retour, pour en avoir le cœur clair, je relus cet article, retrouvé non sans peine. J'ai bien rarement cette curiosité, et si je mentionne ce détail, c'est afin de consigner ici une particularité de caractère assez inexplicable. M'est-elle personnelle, ou d'autres l'éprouvent-ils aussi? Je n'ai jamais pu, à aucune époque de ma vie, relire de vieilles lettres sans éprouver une sorte d'angoisse des plus pénibles. Au contraire, s'il m'arrive, par hasard, de relire ma prose imprimée, et oubliée, rien de semblable ne se produit. Il me semble que ce n'est pas de moi. Et voilà, peut-être, le mot de l'énigme. Toujours est-il que je n'avais pas lieu de redouter la confrontation avec mon justiciable; l'article en question ne se rattachait en quoi que ce soit, hélas! à Chamfort, et, d'ailleurs, M. le docteur Sirus-Pirondi l'avait sans doute oublié plus que moi, si même il l'a jamais connu. Il n'y fut fait aucune allusion, et rien ne pouvait m'être plus agréable. Le professeur venait de faire sa sieste en cravate blanche. — Qu'avez-vous à dire à cela, mon cher lecteur, si c'est l'usage? — Il nous reçut avec la cordialité la plus charmante et nous donna un mot de recommandation pour le directeur de la Compagnie Valery, dont les bateaux font le service entre Marseille et Alger. Quelques heures après, nous montions à bord du *Bastia*, sans avoir eu le temps de voir ni l'École de médecine, ni les hôpitaux. Je m'en consolais avec l'espérance de pouvoir visiter ces établissements à mon retour. Ah! oui, le retour! ce fut bien pis, et je n'eus même pas la satisfaction de saluer M. le docteur Pirondi. Ce sera pour le prochain voyage, s'il m'est donné de le faire.

Nous sommes donc à bord du *Bastia*, navire à vapeur en fer, très-solide, excellent marcheur, et dont l'intérieur est bien aménagé. Pendant que se font les derniers préparatifs dans le bassin de la Joliette, je regarde les quais, dont le développement mesure 9 kilomètres, — ce qui paraît immense, et ce qui, en réalité, est insuffisant, car le mouvement commercial de cette grande ville en exigerait 14, au dire des ingénieurs; 14 kilomètres! — L'exiguïté actuelle, eu égard au nombre des navires qui, de tous les points du globe, affluent à Marseille, est cause que les bateaux sont obligés de se ranger perpendiculairement aux quais, et que le chargement et le déchargement doivent être faits à l'aide de pontons de servitude.

Des nuages cachent le ciel au-dessus de nos têtes, et le soleil, près de se coucher, illumine de ses rayons bas et *frisants* toute la cité qui est devant nous. Placé sur la dunette de l'arrière, j'examine les divers aspects de ce panorama magnifique dans un de ces petits miroirs noircis, concaves, qui ramènent aux proportions d'un tableau ordinaire, et qui encadrent la partie du paysage dont on veut se rendre compte. Un peintre, passager comme nous, l'avait mis à ma disposition, et nous nous extasiions devant la beauté et l'imprévu des effets de la lumière. Attiré par nos exclamations, un jeune homme de figure très-sympathique s'approche de nous et s'informe de ce qui excite ainsi notre curiosité et notre enthousiasme : « C'est la première fois, nous dit-il, que je viens dans ce pays et que je vois la mer. Je suis docteur en médecine depuis quelques jours seulement, j'ai la poitrine en mauvais état, et comme il m'est survenu, dans ces derniers temps, plusieurs hémoptysies assez sérieuses, on m'envoie à Alger. J'y vais sans trop de confiance ; mais, ajouta-t-il après quelque hésitation, je voudrais bien savoir ce que c'est que le mal de mer. »

— Comment vous appelez-vous ? lui dis-je.

— Je suis le docteur C....

— Eh bien, mon pauvre C..., inscrivez la date de ce jour ; nous sommes au 20 mars, mardi, premier jour du printemps et de l'équinoxe. Maintenant, tournez-vous, et voyez ces navires, là-bas, qui sortent du port et qui dansent sur la vague. Il est cinq heures et demie, et voilà que nous partons. Dans dix minutes, vous saurez ce que c'est que le mal de mer, et vous n'aurez plus qu'un seul désir : celui d'en être délivré. Au revoir à Alger, dans trente-six heures, jeudi. Je vais me coucher, et je vous engage à en faire autant.

CHAPITRE II

EN MER

Je joue de malheur dans mes traversées de France à Alger.
La première fois, il y a (comment est-ce possible?) plus de
vingt-cinq ans, j'eus déjà la malechance de m'embarquer
précisément le jour de l'équinoxe d'automne, le 22 septembre, à bord du *Mérovée*, de la compagnie Bazin, qui maintenant n'existe plus. Je fus, pendant tout le temps de
la traversée, qui dura quarante-deux heures, horriblement
malade, à ce point qu'une fois arrivé, je songeai à ne pas
revenir par mer; à gagner l'Égypte avec les caravanes, à
passer l'isthme de Suez, à suivre la Palestine, etc. C'était
insensé, et j'en fus bientôt convaincu. Alors, je voulus m'en
aller par Oran, d'où j'aurais pu, en quelques heures, at-
teindre la côte d'Espagne. C'était ce qu'il y avait de mieux,
et j'ai toujours regretté de n'avoir pu mettre à exécution ce
projet, qui m'eût fait connaître l'Andalousie et les Cas-
tilles. Maintenant qu'un chemin de fer relie Oran à Alger,
d'une part, et que, d'autre part, on peut, par les chemins de
fer également, aller soit à Alicante, soit à Carthagène, le
projet dont je parle est facile à réaliser. Sans même sortir de
France, on pourra, dans quelques jours, s'embarquer à Port-
Vendres et gagner Alger en vingt-quatre heures, en évitant
le golfe de Lyon, qui, en général, est la partie la plus pénible de la traversée; ça ne sera plus rien. Par suite de cir-
constances dont le récit m'entraînerait trop loin, je revins
d'Alger, — la première fois, — par la même voie qui m'y
avait conduit; mais le temps était beau, le navire immense,

la mer calme comme un lac, et l'équinoxe était passé; je ne fus pas une seule minute mal à l'aise.

Cette fois, je ne pouvais me faire aucune illusion sur le sort qui m'attendait. Je me rendis dans ma cabine, où, par bonheur et par exception, j'étais seul. Je recommandai au *steward* de venir, de temps en temps, savoir si je n'avais besoin de rien; j'avalai, sur la foi de Giraldès, deux perles de chloral (Limousin) de 25 centigrammes chacune, et je me couchai, — tout habillé, bien entendu, — dans cette espèce de tiroir de commode qu'en termes de marine on appelle un lit.

Je n'attendis pas longtemps avant de savoir à quoi m'en tenir sur l'inefficacité du chloral.

§ 1

Du Mal de mer

Nous avons tous lu beaucoup de brochures, de mémoires et de discussions sur le mal de mer. Combien n'a-t-on pas proposé de remèdes contre cette pénible affection, *nausea navigantium?* On remplirait un *Formulaire* avec les moyens variés qui ont été vantés à ce sujet. Nous n'en savons pas, pour autant, le premier mot. Toutes les théories rencontrent des objections, depuis celle de mon excellent ami, le docteur Pellarin, que je trouve cependant la plus rationnelle de toutes, et qui consiste à comparer les effets du mouvement du navire à ceux de l'escarpolette, jusqu'à celle du docteur Sémanas, si étrange, qui attribue le *vomitus marinus* à une intoxication par les miasmes de la mer. A la proposition du docteur Pellarin, on répond que les personnes pour qui l'escarpolette est une habitude et un plaisir, ne sont pas moins souffrantes que d'autres quand elles s'embarquent par un gros temps. A M. le professeur Piorry, qui, l'année dernière, dans une discussion incidente à l'Académie de médecine, soutenait, non sans raison, que le mal de mer devait être rapporté aux changements continuels du point de vue, au manque de stabilité des objets regardés, on a objecté que les aveugles étaient malades à bord, et que de fermer les yeux ne guérissait pas. Quant à l'idée imprévue du docteur Sémanas, que la maladie serait causée par des émanations maritimes, un plaisant a dit que cela constituait le système *de séma-nations*, et il me semble bien que ç'a été fini. Je regrette de ne pouvoir mettre la main sur la brochure du docteur Pellarin, je l'aurais relue avec profit, sans aucun doute. Mais c'est le sort des brochures, de ne pouvoir être retrouvées quand on en a besoin. A son défaut, je viens de lire ce qu'a écrit un auteur justement estimé qui, un des derniers, a traité la question. Je veux parler du docteur Bennet, de Menton, et de son livre intitulé : *Winter and spring on the shores of the Mediterraneam* (L'hiver et le printemps sur les bords de la Méditerranée), livre très-intéressant et plein de choses contenant les renseignements les plus variés sur la géologie, la botanique, la météorologie, la démographie, l'ethnographie, etc., etc., des régions et des peuples que baignent les flots de la Méditerranée. Tous les Anglais l'ont entre les mains (la cinquième édition a paru en 1876, à Londres, chez J. et A. Churchill, new Burlington street); il mérite d'être, plus qu'il ne l'est, connu en France, mais il n'a pas été traduit. Laissez-moi, cher lecteur, vous en dire deux mots. Nous avons le temps de causer pendant que nous franchirons les 926 kilomètres qui séparent Marseille d'Alger. Tout le livre est écrit pour développer et justifier la proposition émise à la page 4 de l'Introduction, 4e alinéa, à savoir, qu'il n'existe pas en Europe, et sur aucune des côtes de la Méditerranée, de région plus et mieux abritée des vents du nord, du nord-est et du nord-ouest, que la rivière de Gênes (riviera di Genoa; riviera, qui signifie rivière, veut dire aussi rivage, et c'est dans ce dernier sens qu'il faut ici l'entendre. Je ne sais pourquoi la première acception a prévalu), et que de toutes les localités du rivage, à l'ouest de Gênes, celle que l'on doit choisir est située entre Villefranche et San-Remo. Elle se nomme Menton. C'est là que réside l'auteur pendant l'hiver. C'est là que viennent le trouver les phthisiques riches de toutes les parties du monde. Mais ce n'est pas de cela

2

qu'il s'agit pour le moment, c'est du mal de mer, et j'ai bien envie de chercher, à ce propos, chicane à l'auteur, car, s'il le décrit fort bien, il en donne une explication qui laisse beaucoup à désirer. M'est avis, d'ailleurs, qu'en médecine surtout, les descriptions exactes, conséquences et preuves d'une observation attentive et sagace, valent mieux que les explications. Mon honorable confrère ne m'en voudra donc pas de critiquer seulement ce à quoi il tient certainement le moins.

Il rappelle d'abord que l'opinion la plus accréditée attribue le mal de mer à « une affection nerveuse liée à l'état du cerveau, et au continuel changement de position des objets environnants, par rapport au corps et à la vision du patient. Il est convaincu, ajoute-t-il, par sa propre expérience, que là n'est pas la seule cause de cet affreux malaise. Il ne craint pas la mer, à moins qu'elle ne soit réellement méchante ; il a plaisir à se sentir porté sur elle, même quand elle est un peu rude, soit en bateau, soit en vapeur ou en yacht, ou en navire à voiles. Si, dit-il, elle n'est pas très-rude, je me trouve tout à fait heureux, et je puis manger avec voracité (ravenously) ; mais quand le mouvement du navire est considérable, surtout lorsque le mouvement plongeant du tangage se combine avec un fort roulis, alors je deviens désespérément malade, et je rends d'effroyables quantités de bile. Qu'ont à faire le système nerveux et le changement de position, pour expliquer une telle maladie chez une personne qui, comme moi, supporte sur terre, sans l'ombre d'un inconvénient, toutes sortes de mouvements et de gyrations ? »

Immédiatement après cette question, mon très-honorable confrère ajoute : « Couché sur le dos, dans ma cabine, en travers du navire, qui roule jusqu'à vingt fois par minute, et assez profondément pour que le hublot de ma chambre s'enfonce de plusieurs pieds dans l'eau, j'observe l'eau contenue dans les carafes et les cuvettes. Elle roule comme nous, rejaillissant violemment d'un côté à l'autre, et je sens que dans mon intérieur les choses se passent de même. Tantôt, tout ce que mon corps contient de mobile, liquide ou solide, se précipite du côté des pieds ; le moment d'après, tout est reporté avec violence du côté du diaphragme ou du foie. Ce dernier organe est si bien emprisonné sous les côtes, tellement tenu, qu'il ne peut bouger. Titillé, excité, pressé de cette manière, il s'irrite et verse à flots la bile dans l'intestin et dans l'estomac, qui n'en doit jamais recevoir, si ce n'est durant l'acte de la digestion, et alors apparaissent l'état de malaise et les vomissements. Cette théorie mécanique expliquerait l'efficacité réelle des purgatifs pris un jour ou deux avant le départ. Ils nettoient le foie de la bile. Elle expliquerait aussi l'efficacité des bandages, qui protégent le foie de toute secousse; elle expliquerait également l'usage des opiacés, des stimulants du système nerveux, tels que le thé, le café, le vin, les spiritueux, qui calment sa susceptibilité et l'aident à supporter patiemment les insultes et les coups. Le trouble de la circulation doit être pris en considération. »

Cette dernière proposition méritait peut-être quelques développements. L'auteur n'en a pas jugé ainsi. Revenons donc à la théorie mécanique, comme il la nomme. D'abord, il est assez singulier de comparer ce qui se passe à l'intérieur de nos organes à ce qui se passe dans une cuvette. Comment cette théorie, bien mécanique en effet, expliquerait-elle l'efficacité des purgatifs, qui agissent tout au plus secondairement sur le foie et qui ne le débarrassent guère, j'imagine, de la bile; — des bandages, qui s'opposent au mouvement des liquides intérieurs, comme le ferait une courroie autour d'une carafe (les femmes, malgré leurs corsets, sont plus sujettes au mal de mer que les hommes). Qu'est-ce que les opiacés ou les stimulants ont à faire contre le roulis interne? Comment peut-on concevoir que M. le docteur Bennet s'arrête à cette théorie du mouvement des liquides organiques, après avoir dit, dans la phrase précédente, que toutes les gyrations du monde étaient sans effet sur lui, en terre ferme? Une observation bien simple, qui suffirait seule à ruiner cette hypothèse, c'est que le décubitus est la position dans laquelle on souffre le moins. Dès qu'on se lève, ou même qu'on s'assoit sur la couchette, on est repris violemment.

Afin d'épuiser tout de suite ce qu'il me reste à dire de la théorie du docteur Bennet sur le mal de mer, qu'on me

permette d'empiéter sur les événements. A mon retour
d'Alger, que nous quittâmes à midi, je restai assis sur un
banc de la dunette jusqu'à sept heures du soir, regardant à
l'horizon et évitant de voir le balancement des agrès du
navire. Je n'étais pas malade. Forcé de me lever après une
si longue immobilité, je vomis aussitôt que je fus debout.

Notre honorable confrère pense qu'il a réellement décou-
vert le moyen de prévenir le mal de mer, et voici comment
il le formule : « L'estomac doit être absolument vide lorsqu'on monte à bord ; mais, pour ne pas souffrir d'épuise-
ment, on fera un bon repas trois, quatre ou cinq heures aupa-
ravant, selon la nature de la nourriture choisie. La viande
exige cinq heures au plus pour être complétement digérée.
Une ou deux heures avant d'embarquer, on prendra du café
très-fort, du thé ou de l'eau-de-vie avec de l'eau, sans lait et
sans rien. Ceci pour tonifier le système nerveux, et aussi
pour assurer la vacuité de l'estomac, les liquides étant
absorbés généralement en moins d'une heure. Une fois à
bord, on gardera le repos (la position couchée est la meilleure), et on ne prendra quoi que ce soit, solide ou liquide,
avant douze heures ou plus. Dans ce système, la nourriture
et les stimulants sont absorbés avant que l'estomac soit
exposé à l'irritation sympathique, et l'économie tout entière
est fortifiée. Comme rien n'est laissé dans l'estomac et que
rien ne lui est donné, il reste tranquille sans difficulté.
Toutes les médecines vantées contre le mal de mer ne font
aucun bien, parce qu'elles ne sont pas absorbées. Quand la
nausée commence, l'estomac refuse d'absorber et de digérer
solides ou liquides. Le meilleur stimulant, à mon avis, est
du café noir très-fort. Des centaines de mes amis ou de mes
clients, ajoute le docteur Bennet, ont ainsi échappé au mal
de mer dans les courtes traversées, et ont diminué leurs
souffrances pendant les voyages de long cours. »

Je regrette infiniment de n'être ni l'un ni l'autre, car je
m'étais, sans le savoir, conformé aux prescriptions de mon
confrère, en quittant Marseille, et cela ne m'a pas empêché
d'être affreusement malade. J'avais déjeuné à onze heures,
et le bateau est sorti du port à six heures environ. A peine

ma cabine me fût-elle désignée que je pris deux perles de chloral, ainsi que je l'ai dit, et que je me couchai. Nous n'avions pas franchi la passe que j'étais convaincu, malgré l'assertion de mon savant confrère, que la digestion de la viande exige plus de cinq heures pour être parfaite; — et convaincu *de visu.*

La mer, fort mauvaise au départ, devint furieuse quand la nuit tomba. Ce n'était plus cette Méditerranée « cærulea » sur laquelle les Grecs s'émerveillaient de voir courir la conque nacrée d'Amphitrite; c'était, selon l'expression de Salluste, « mare sævum », et la tempête atroce se déchaîna. On croit généralement que le mal de mer consiste dans des vomissements sans fin, et tous les donneurs de remèdes se proposent d'arrêter ce symptôme. Mais lorsqu'on ne vomit pas ou qu'on vomit peu, — et c'est mon fait, — on n'est pas moins malade. Ce qu'on éprouve est indéfinissable, car cela ne ressemble précisément à rien. C'est un mélange d'état nauséeux et de vertige. Avez-vous vu, cher lecteur, dans les grands établissements métallurgiques, ces immenses *volants* de dix mètres de diamètre qui régularisent la force des puissantes machines à vapeur? Vous êtes-vous demandé ce que vous éprouveriez si, nouvel Ixion, attaché à un des points de la circonférence, vous étiez emporté dans cette rotation effroyable? Eh bien, essayez de vous imaginer la chose, et vous aurez peut-être une idée de la sensation ressentie par votre serviteur. Le bras passé dans une des nervures de la coque en fer du navire, pour ne pas tomber à chaque coup du roulis, je voyais confusément les courts rideaux de ma couchette toucher le plafond de ma cabine, qui d'horizontal devenait vertical, tant le navire s'inclinait. On n'a qu'une pensée qui vous martèle le cerveau, à savoir, que ce supplice durera tant d'heures et ne finira qu'à l'entrée du port d'Alger. Jusque-là, pas une minute de répit. C'est comme pour l'accouchement, quand le travail est une fois commencé, il faut aller jusqu'au bout. L'on a, du moins, cette consolation que chaque douleur nous rapproche du but; les coups de piston qui font tourner l'hélice, désagréables en eux-mêmes, indiquent cependant qu'on avance. Tout à coup la machine s'arrête. Qu'y a-t-il? Un moment après, une se-cousse comme si le navire touchait, et un bruit effroyable comme si l'on jetait du premier étage sur le pavé de la rue tout un magasin de porcelaine. C'était, en effet, la vaisselle du bord qu'un paquet de mer, entré par une écoutille mal fermée, avait brisée. Je l'appris, quelques instants après, par le jeune peintre au miroir dont j'ai déjà parlé, et qui seul, je crois, de tous les passagers, ne souffrait en aucune façon du mal de mer. Maigre et vif comme un chat, gai comme un pinson, il s'intéressait prodigieusement à ce spectacle nou-veau pour lui, et, sans souci de la voltige désordonnée du bâtiment, bravant les fureurs du vent et les rafales de la pluie, il parcourait toutes les parties du navire, voulant tout voir à la fois.

Le seul effet que lui produisait la tourmente était une fringale insatiable. La perte des assiettes et des verres lui causait quelque inquiétude. — Eh bien, Monsieur le docteur, dit-il en entrant dans ma cabine et en se tenant aux barres de mon lit pour ne pas tomber, comment cela va-t-il? — Mais cela ne va pas du tout, répondis-je; — et l'hélice non plus, ne va pas. Savez-vous pourquoi? — On dit que la mer est démontée. Il fait un orage magnifique. Les hommes de l'équipage parlent d'une trombe! Ah! voici la machine qui se remet en mouvement. — Que dit le docteur Landowski, votre compagnon de cabine? — Il dit qu'il est bien malade, et il trouve absurde qu'il pleuve dans la mer. Elle n'a pas besoin d'eau. Et vous, Monsieur le docteur, n'avez-vous besoin de rien? — Pardon, repris-je, si vous pouviez arrêter le crachoir de bronze qui court, à chaque coup de roulis, d'un bout à l'autre de ma cabine, et qui fait autant de bruit que la fameuse caronade du *Quatre-Vingt-Treize* de V. Hugo, vous me rendriez service. — Il s'en alla, et, peu après, la machine stoppa de nouveau. Le mot trombe, qu'il avait pro-noncé, ne me sortait pas de la tête. Bientôt il s'associa au nom de mon excellent confrère et ami, M. le docteur Bonna-font, qui a fait sur ce sujet des travaux marqués au coin de la meilleure observation. Mais je me les rappelais trop va-guement à cette heure. Ce qui m'importunait le plus alors, c'était la deuxième lettre de son *Voyage dans le Nord de l'Europe* que j'avais lu récemment. Cette lettre est datée ainsi : « En mer, d'Abo à Helsinfort, 21 août 1874. » A la vingtième ligne, il écrit, entre parenthèses : (Le roulis m'empêche de continuer à écrire ; la mer se calme, je reprends ma narration). Voilà ce que j'appelle un bel exemple de style rapide. Le roulis le gêne, point et virgule ; et puis, il ne le gêne plus, un point. C'est merveilleux ; et, ce qui est plus merveilleux encore, c'est que le roulis le gêne uniquement parce qu'il l'empêche d'écrire. Et je me répétais cent fois de suite : Le docteur Bonnafont n'écrirait certainement pas ici ! Si la mer pouvait donc se calmer, alors il écrirait, etc., etc. Mais elle était loin de se calmer, et malgré le stoppage de la machine, la danse folle et les secousses du navire allaient toujours leur train, un peu moins rudement peut-être, mais avec une ampleur tout aussi grande. Ces arrêts de l'effort propulseur, au milieu de la nuit, quand on ne peut se rendre compte de rien, sont effrayants. Pourquoi ne luttons-nous plus ? Sommes-nous décidément vaincus ? Ce qu'il y a de pire, c'est que le malaise continue, et qu'on a conscience que c'est du malaise perdu, puisqu'on n'avance pas. C'est navrant.

§ 2

Des Trombes

Puisque nous parlons de M. le docteur Bonnafont et que nous avons prononcé le mot trombe, nous ne pouvons résister au plaisir de montrer que notre savant confrère et ami a précédé l'honorable M. Faye dans l'observation exacte des phénomènes des trombes.

Jusqu'aux discussions si intéressantes soulevées il y a quatre ans par M. Faye, les trombes étaient considérées comme se formant à la surface du sol ou de la mer par le mouvement circulaire des vents inférieurs, et comme suivant, dans leur spirale, une direction ascensionnelle. Le savant académicien s'est attaché à établir, au contraire, que les trombes, par un mécanisme semblable à celui qui détermine les taches du soleil et les tourbillons des fleuves, résultent de la rencontre de courants opposés dans les régions élevées de l'atmosphère. Le mouvement gyratoire, engendré au niveau des nuages, s'accélère par le rapprochement des courants adverses et de vitesse différente. Il en résulte une sorte d'entonnoir immense dont la pointe vient bientôt toucher le sol ou la mer, qu'elle laboure, creuse et bouleverse à la façon du bec d'un outil dont la puissance est irrésistible.

On va voir, par la description prise sur nature que donne du phénomène M. le docteur Bonnafont, que c'est bien ainsi que les choses se passent. Il s'agit d'une trombe formée à peu de distance de terre dans la rade de *Rusicada*, aujourd'hui Philippeville, au mois de février 1835... « Le nuage se bossela au milieu, s'allongea sensiblement et donna naissance à un appendice dont la base se confondait avec lui, tandis que le sommet *descendait* visiblement du côté de la mer, en exécutant de grandes oscillations que lui communiquait le vent. Cette colonne nuageuse, *plus transparente au milieu que sur les côtés*, une fois parvenue à une certaine distance de la surface de l'eau, son sommet s'allongea rapidement en se rétrécissant, et *plongea* bientôt dans la mer. » Cela n'est-il pas aussi clair, aussi explicite que possible? Que pourrait désirer M. Faye de plus confirmatif de sa théorie que cette peinture tracée bien avant l'exposition de la dite théorie ?

M. Bonnafont continue : « La trombe avait à peine touché la masse liquide que celle-ci fut fortement agitée dans une grande surface, et qu'un mouvement d'ascension, pareil à celui d'un siphon où le vide a été fait, s'établit dans l'inférieur de la colonne. Ce mouvement que nous avons pu observer distinctement se faisait en spirale depuis le sommet, en forme de suçoir, jusqu'à la base qui se confondait avec le nuage. Cette spirale, dans laquelle on voyait le courant ascendant et rapide de l'eau, suivait les dimensions de la trombe qui, très-étroite à sa partie inférieure, allait en s'élargissant jusqu'au nuage auquel elle transmettait l'eau qu'elle enlevait à la mer. Le mouvement d'aspiration de cette sangsue gigantesque était si fort qu'on pouvait entendre assez clairement, et à la distance d'une demi-lieue, le bruit que faisait l'eau en se précipitant dans le commencement du tube, où la marche se ralentissait au fur et à mesure que le liquide s'avançait dans son intérieur; ce qu'expliquent très-bien sa forme évasée et la résistance qu'offraient les couches d'eau supérieures à celles qui les suivaient; résistance qui, pour être vaincue, devait exiger une force d'aspiration énorme... »

On me saura gré, je l'espère, de cette citation dont les lignes qui précèdent indiquent d'où a pu venir l'erreur d'interprétation des observateurs prévenus, ou plus attentifs aux effets de la trombe qu'à sa formation. Je ne suis pas sûr que M. Bonnafont ne l'ait pas commise lui-même, car il me semble qu'il est intervenu dans la discussion ouverte à l'Académie des sciences pour prendre parti contre M. Faye, en faveur du mouvement ascensionnel des tournades. Cela prouverait qu'on peut voir parfaitement les choses et les interpréter d'après des idées préconçues. Mais c'est un grand mérite que de bien voir, et les descriptions précises et sincères ne sont jamais perdues. Elles sont la base même sur laquelle se fonde la science.

§ 3

Du Mal de mer comme moyen thérapeutique

Revenons au mal de mer, mal affreux sans doute, mais très-exceptionnellement nuisible, et qui, dans la plupart des cas, au contraire, est suivi d'effets salutaires. Ainsi, contre la dysenterie et contre l'hémoptysie, le mal de mer, c'est-à-dire l'état nauséeux longtemps prolongé, est la médication par excellence. Depuis Baglivi, bien des praticiens illustres ont préconisé les vomitifs contre les hémorrhagies internes.

Chomel, à l'exemple de Stoll, n'employait l'ipécacuanha pour combattre l'hémoptysie que lorsqu'elle lui semblait liée à une disposition bilieuse. Mais Trousseau, après Legroux, faisait vomir tous ses hémoptysiques, et il eut le mérite de bien mettre en lumière ce fait, à savoir, que la médication vomitive ne convient pas seulement à l'hémoptysie de cause bilieuse, mais à toutes les hémoptysies, de quelque origine qu'elles soient. C'est un point sur lequel a eu soin d'insister son élève et son ami, M. le professeur Michel Peter, en apportant à la doctrine de son maître l'autorité de sa propre expérience. M. Peter, dans le tome Ier de ses très-remarquables *Leçons de clinique médicale* (p. 809), se demande quel est le mode d'action de ce traitement. Il écarte d'abord l'idée d'une révulsion sur l'estomac, car le vomissement provoqué par l'ipéca ou le tartre stibié arrête également l'hématémèse ; il admet, pour une part, un effet mécanique : les efforts, les secousses du vomissement amènent de grands mouvements respiratoires, activent par suite la circulation pulmonaire et tendent à produire le dégorgement des vaisseaux. Dans ces cas, le professeur Piorry recommande de faire coup sur coup de profondes inspirations, et il a raison. Mais la cause principale de l'arrêt de l'hémoptysie semble à M. Peter devoir être rapportée à l'hyposthénisation, ou, en un mot, au contre-stimulisme. Après l'administration d'un vomitif « les malades se plaignent, dit-il, de céphalalgie, ce qui indique une action incontestable sur le cerveau. Ils ont de la somnolence, de l'abattement, et ne tardent pas à s'endormir. Ils sont en proie à ce malaise général si pénible, qu'on appelle l'état nauséeux. A ces phénomènes de dépression nerveuse s'ajoutent la fréquence et la petitesse du pouls qui, chez quelques-uns, devient filiforme et insensible. En même temps, il y a grande pâleur, ce qui signifie ou qu'on a agi sur le cœur, dont la force impulsive est amoindrie, ou qu'on a agi sur les vaisseaux, dont la contractilité est augmentée. Au fond, on a produit l'état nauséeux avec toutes ses conséquences : la *dépression générale* de l'organisme, et, en particulier, une modification profonde de l'innervation sympathique et de la circulation (p. 810). » Tous les traits du tableau qui précède se rapportent exactement au mal de mer. Pour compléter la description de ce dernier, il conviendrait seulement d'ajouter aux symptômes énumérés par M. le professeur Peter, un sentiment de vertige, plus accentué dans l'état nauséeux marin que dans l'état nauséeux résultant de l'ingestion d'un vomitif ordinaire. M. Peter fait remonter tous ces effets au trouble du système nerveux ganglionnaire. « Des filets du plexus solaire, dit-il (p. 815), sont offensés à l'estomac, et l'offense retentissant sur la totalité du grand sympathique, il y a contracture vasculaire par action réflexe... et ce sont ces mouvements *toniques* des muscles vasculaires qui produisent la diminution du calibre des petits vaisseaux, d'où la paleur et le refroidissement des tissus, d'où l'hémostase. »

Il me paraît bien que le mal de mer doit tenir aussi à la perturbation du grand sympathique. Mais ici, quel est le point primitivement offensé? Je n'en sais rien. Et puisque je suis en train de confesser mon ignorancé, j'avoue également ne pas comprendre comment la dépression générale de l'organisme s'accorde avec les mouvements *toniques* qui déterminent la contracture du système vasculaire. Je pencherais plutôt vers l'hyposthénisalion qui diminue la force impulsive du cœur. C'est une des deux alternatives que pose M, le professeur Peter. Je la préfère.

Toujours est-il que l'état nauséeux arrête l'hémoptysie. C'est là peut-être qu'il faut chercher la raison des voyages sur mer préconisés contre la phthisie, dont l'hémoptysie est un des premiers et des plus effrayants symptômes. Cette supposition acquiert une vraisemblance d'autant plus grande que l'état nauséeux a été vanté, en lui-même, comme une médication héroïque, non plus seulement contre la pneumorrhagie, mais contre la tuberculisation. Naguère M. le docteur Bricheteau père opposait l'emploi du tartre stibié à cette redoutable affection, quelle que fût l'époque de son évolution. Tout récemment M. le docteur Ach. Chereau, dans les Éphémérides de l'*Union médicale*, rappelait que l'Anglais J. Carmichaël Smith, médecin extraordinaire du roi d'Angleterre, proposa, en 1787, un moyen *bien singulier* de guérir la phthisie pulmonaire. Il s'agissait tout simplement de l'escarpolette ou balançoire. Carmichaël appuyait sa proposition par quatorze observations de cures merveilleuses obtenues à l'aide de cette médication.

Le remède le plus récent contre le mal de mer est, si je ne me trompe, le nitrite d'amyle, préconisé par Clapham. Trois gouttes sur un mouchoir, tenu sous le nez; quelques aspirations rapides, et vous voilà guéri pour vingt-quatre heures au moins. — Guéri!... — des vomissements, c'est possible. Beaucoup de personnes, et je suis du nombre, ne vomissent qu'une fois ou deux pendant toute la traversée, et n'en sont pas moins malades pour autant. Mais guéri des vomissements, et de l'état nauséeux, et de l'état de vertige, qui constituent le trident du mal de mer!... Dame! je ne dis pas non ; mais je voudrais bien pouvoir vous dire oui avec certitude, quand j'en aurai essayé, s'il m'est encore donné d'affronter le courroux de Neptune.

De ce qui précède, veuillez, cher lecteur, retenir surtout ceci : que le mal de mer est le remède par excellence contre l'hémoptysie. Voilà, eu égard au but de ce voyage, ce qui nous intéresse particulièrement. Mais je m'aperçois que, si je vous ai dit où je vous conduisais, complaisant lecteur, je ne vous ai pas dit pourquoi je vous y conduisais. Je vais bien vite combler cette lacune et réparer ma faute.

CHAPITRE III

Il s'agissait de trouver un emplacement convenable pour fonder une station hivernale, un *sanatorium* destiné aux malades atteints d'affections pulmonaires, et, plus généralement, à toutes les personnes dont l'état réclame le séjour dans un climat plus chaud que celui de la France.

Je voudrais que le lecteur se plaçât, pour un instant, dans l'hypothèse, — puisse-t-elle ne jamais se réaliser ! — qu'un des siens, femme, enfant ou frère, etc., est atteint ou menacé de tuberculose. Que ferait-il ? Que désirerait-il ? Dans quelles conditions chercherait-il à mettre cet être aimé, afin de conjurer les effets redoutables d'une affection qui désespère le médecin autant et plus quelquefois que le malade lui-même ?

Si ce dernier ignore sa position, faudra-t-il le laisser dans cette sécurité, dont la durée ne sera pas longue, hélas ! et qui s'opposera à ce qu'on obtienne de lui les précautions, les sacrifices nécessaires à la guérison ? Je ne le pense pas. Il me paraît, au contraire, qu'il convient, avec tous les ménagements que suggère la tendresse, de lui faire comprendre qu'il faut accepter bravement la lutte pour l'existence, lutte dont on peut sortir vainqueur quand on s'y donne exclusivement.

Mais, s'il est déjà livré aux cruelles inquiétudes, aux poignantes tristesses qu'entraîne ce mal, considéré jusqu'à présent comme irrémédiable, la première chose à faire, sans chercher à le tromper, est de redonner de l'espoir au pauvre patient. Pour cela, il est nécessaire de s'occuper activement de lui, et d'être à ses yeux — les yeux des malades sont singulièrement perspicaces, — parfaitement convaincu de la curabilité de la maladle, eût-elle présenté les symptômes regardés par le public comme les plus graves, — tels que les hémoptysies fréquemment répétées et les crachements purulents. Que de gens dont on a entendu dire qu'ils rendaient leurs poumons, et qu'on retrouve plus tard en bonne santé ! Combien de jeunes filles ou de jeunes femmes qui ont été condamnées comme poitrinaires et qui deviennent, quelques années après, de vaillantes mères de famille ! Les exemples ne manquent pas. On doit les citer souvent, et surtout les citer avec les noms propres des malades qui ont guéri.

La préoccupation qui s'impose ensuite est de soustraire le malade aux causes présumées du mal : le froid, le vent, les variations de température, l'absence de soleil et d'air pur, l'immobilité relative dans un espace confiné, la tristesse qui en résulte, les excitations factices, les veilles, les fatigues, les irrégularités incessantes de régime, les imprudences de costume qu'entraînent les convenances sociales ou les obligations professionnelles, etc., etc.

Par conséquent, il importe, avant toutes choses, de faire choix d'une station dans un climat assez doux, assez égal pour permettre de vivre dehors à toutes les heures du jour.

C'est ce que l'on cherche depuis longtemps ; on envoie *dans le Midi* les malades qui peuvent se déplacer ; on croit même avoir tout fait, ou peu s'en faut, quand on a formulé cette prescription. Il est, à la vérité, difficile, dans l'état actuel des choses, de faire mieux. Tout au plus les médecins, moins mal renseignés depuis quelques années sur la valeur relative des différentes stations sanitaires, et sur les conditions climatologiques qu'elles présentent, peuvent-ils en désigner une de préférence, selon les cas. Eh bien, cela ne suffit pas. Il s'en faut de beaucoup. Qu'arrive-t-il, en effet, le plus souvent ? Le malade, ou les personnes qui l'accompagnent, choisissent une habitation au hasard, ou d'après des considérations qui n'ont rien de médical. Ce n'est qu'après être installé, et quelquefois après un assez long temps, qu'on va rendre visite au médecin de la localité. En supposant que le logement ait été mal choisi, il est bien des raisons pour que le changement immédiat ne soit pas exigé. On aurait agi plus sagement et rendu tous arrangements plus faciles en s'adressant par avance à l'un des médecins du pays, et en le priant de préparer ce qui sera nécessaire aux arrivants. Mais on s'est décidé brusquement; — on ne savait pas. D'ailleurs, la considération du climat est à ce point prépondérante, que le reste semble devoir ou pouvoir être négligé. « Les phthisiques qui viennent du nord de la France, dit le professeur Fonssagrives (*Thérap. de la phth. pulm.*, p. 259, J.-B. Baillière, 1866), sont trop disposés à penser que le séjour dans une station hibernale leur tient lieu de tout, de médicaments comme de précautions. Il faut les prémunir contre cette préjudiciable erreur. »

Ah ! si je ne craignais de raviver de cruels regrets, je citerais ici le fait lamentable du petit-fils d'un de nos maîtres vénérés. Envoyé seul dans une station méridionale pour une affection en apparence légère, il vit bientôt son état s'aggraver. Sa malheureuse mère, prévenue trop tard, comme toujours, le trouva dans une chambre d'hôtel, n'ayant personne qui veillât sur lui et qui lui rendît les services que sa situation exigeait. Par une discrétion exagérée, le médecin appelé près de lui n'avait point osé lui proposer de prendre une garde, et le pauvre malade, inconscient de son état, attendait avec résignation que son indisposition se dissipât. La mère, désespérée, le ramena en hâte à Paris, où il mourut, entouré du moins de la tendre affection de sa famille.

L'idée que le climat seul suffit, et qu'il dispense de tout soin, est à ce point générale, qu'elle domine les médecins eux-mêmes et qu'elle les trouble. Le dernier Congrès de Genève a entendu un jeune confrère reprocher au climat d'Alger ce qu'il n'aurait dû attribuer qu'à sa propre imprudence. Ce confrère a raconté que, douze jours après son arrivée sur la côte africaine, il était allé se promener en voiture au sommet de la Boudjaréah; qu'il y avait éprouvé un refroidissement intense, et qu'à la suite de cette équipée, des hémoptysies étaient survenues.

M. le docteur Daremberg est cependant un médecin fort instruit, qui a fait une étude particulière de la phthisie, et même des différents climats qui conviennent spécialement aux diverses formes de cette maladie. Mais, oubliant que Louis, bien avant Fonssagrives, disait : « L'habitation d'un climat doux en hiver ne dispense pas de beaucoup de précautions », il se crut tout permis. La Boudjaréah est une colline, haute de 402 mètres, qui touche Alger à l'ouest et la protége des vents qui soufflent de ce côté une grande partie de l'hiver. C'est un abri qu'il ne faut point s'amuser à escalader quand on est valétudinaire. La recommandation paraît superflue, tant elle est de sens commun. Cependant, un docteur des plus intelligents la méconnaît, se fiant outre mesure à l'immunité de ce climat, et, dans son dépit, il s'en prend au climat lui-même et au pays, qui n'en peut mais. J'imagine que les médecins d'Alger lui demanderont combien, pour revenir à une plus équitable appréciation des choses, il exige qu'on lui fournisse d'observations de malades à qui est arrivé, à Menton, ce qui lui est arrivé à Alger. Ils n'auront vraisemblablement pas de peine à trouver des cas analogues au sien.

Le climat seul ne suffit donc pas. Il est nécessaire d'avoir un guide qui indique ce qu'il faut faire pour en profiter le plus possible, et, à tout le moins, pour n'en pas souffrir. Un guide — très-attentif et très-complaisant, — est également indispensable pour régler et surveiller le régime, — l'habillement, — le travail, — les différents genres de distractions, — les heures de sortie, — la quantité d'exercice, etc., etc., tous les détails, en un mot, dont se compose la vie du malade, et dont la convenance varie selon chaque malade, et selon les différentes phases de la maladie pour un même malade. Dans l'état actuel des choses, cette surveillance et ces soins incessants sont impossibles. Il faudrait pour cela que le médecin vécût sous le même toit que ses clients, et ne perdît, en quelque sorte, jamais de vue ceux dont il a charge.

Toutes ces conditions, tous ces *desiderata* se trouveront réalisés dans la station hivernale projetée.

§ 1

Le Sanatorium en Algérie

L'idée de créer une station d'hiver en Algérie pour les phthisiques n'est pas nouvelle. Elle remonte à 1836, et l'on peut s'étonner qu'après quarante-deux ans, elle ne soit pas encore réalisée. Ce fut M. le docteur Costallat qui, le premier, voulut établir à Alger un hôpital spécialement consacré au traitement des phthisiques venant de France. Il sollicita successivement des ministres de la guerre, de la marine, de l'intérieur, ainsi que de la Chambre des députés, l'autorisation de fonder cet établissement. Les ministres demandèrent des renseignements sur cette proposition à l'Académie de médecine. Celle-ci chargea MM. Andral et Louis de lui faire à ce sujet un rapport, qui fut lu dans la séance du 11 octobre 1835, président M. Louyer-Villermay. En voici les conclusions : « 1° Dans l'état actuel de nos connaissances, on ne peut rien dire de positif de l'influence du climat d'Afrique sur la phthisie ; — 2° il faudrait rechercher, au moyen d'une statistique bien faite, si la phthisie est rare ou commune à Alger, soit chez les indigènes, soit chez les Européens qui y sont établis.... Si cette maladie, une fois développée, marche plus ou moins lentement qu'en France. » La lecture de ce rapport fut suivie d'une discussion à laquelle prirent part un grand nombre de membres de l'Académie. Je vais, très-sommairement, résumer quelques-unes des réflexions présentées à ce propos. Il me semble que cette revue rétrospective n'est pas tout à fait sans intérêt.

M. Londe déclare d'abord que tous les pays situés sous la latitude d'Alger sont favorables aux phthisiques.

M. Bouillaud rappelle que Broussais a constaté (Hist. des phleg. chron.) que les mêmes régiments qui fournissent une grande quantité de phthisiques en Hollande, cessent d'en fournir en Italie. On ne peut nier, selon M. Bouillaud, l'influence du froid humide sur la tuberculisation. Ce qu'il faut aux phthisiques, c'est une température égale.

Louis envoie aussi les phthisiques au midi, « dans l'espoir plus que dans la conviction de leur être utile. »

Selon M. Rochoux, l'influence du climat est incontestable. Même quand les tubercules existent, elle modère la phlegmasie du poumon. C'est par un effet inverse que les singes meurent tuberculeux à Paris, et qu'au dire de Clot-Bey, les nègres d'Éthiopie deviennent phthisiques en Égypte.

M. Piorry ne comprend pas qu'on mette en doute l'influence du climat sur le développement et la marche de la phthisie. « Il suffit, dit-il, d'observer chez nous comment agissent les saisons sur les organes respiratoires. Est-ce que ce n'est pas pendant l'hiver que nous toussons? D'ailleurs l'hiver, dans nos pays, impose la vie sédentaire, qui a de très-grands inconvénients au point de vue dont il s'agit. Les vaches qui restent enfermées dans les étables meurent phthisiques. En plein air, elles ne sont jamais atteintes de cette maladie. »

M. Larrey déclare qu'on ne sait rien d'Alger à cet égard, et M. Renauldin, qu'il importe de prendre au plus vite des renseignements, etc., etc.

Les conclusions dubitatives du rapport empêchèrent le ministre de donner suite à la proposition du docteur Costallat. Mais la discussion que je viens de rappeler eut assez de retentissement pour que nos confrères de l'armée, qui avaient étudié l'Algérie depuis la conquête, entendissent l'appel qui leur était implicitement adressé. En 1839, M. le docteur Bonnafont, qu'il faut toujours citer lorsqu'on parle des débuts de notre colonie, publia une brochure intitulée : *Géographie médicale d'Alger et de ses environs*, qui répondait aux questions de l'Académie. Elle établissait que la phthisie est rare à Alger, soit chez les indigènes, soit chez les Européens, et que cette maladie, une fois développée, marche, sous le ciel africain, plus lentement qu'en France. On me permettra de transcrire ici textuellement ses conclusions : « 1° Les affections de poitrine, écrit-il page 135, et la phthisie, forment la classe la moins nombreuse des maladies qui sévissent sur la population indigène et européenne d'Alger; — 2° toutes choses égales d'ailleurs, un phthisique placé dans des conditions favorables sous l'influence du climat d'Alger, et *soumis à un traitement sagement et habilement dirigé*, obtiendra (s'il ne guérit pas) plus de soulagement que sous le climat de France. »

Depuis cette époque, des travaux considérables ont été consacrés à l'étude de cette question, et une foule de savants et de médecins ont eu à cœur de résoudre le problème posé. Parmi ceux qui ont déployé le plus de zèle pour mettre en lumière les avantages du climat d'Alger, nous devons citer notre confrère et collaborateur, M. le docteur de Pietra Santa. Il a rendu compte, dans une série de feuilletons, publiés dans l'*Union médicale*, du 24 novembre 1859 au 11 décembre 1860, de la mission à lui confiée par le ministre de l'Algérie et des colonies, et pour laquelle le Comité consultatif d'hygiène lui avait remis des instructions spéciales. Le rapport officiel de M. de Pietra Santa (*Du climat d'Alger dans les affections chroniques de la poitrine;* Paris, J.-B. Baillière et fils, 1860) ne considère, ainsi que le titre l'indique, que la ville d'Alger. Plus récemment, la Société des sciences naturelles de climatologie d'Alger a provoqué une enquête sur la même question pour toute l'Algérie. La plupart des médecins de la colonie et les chefs de service, civils et militaires, ont répondu. Ils sont au nombre de 125. Leurs observations ont porté sur un million de malades, qui fournissent 94,000 décès, dont 6,200 par phthisie. De cette masse énorme de documents, il résulte que la mortalité phthisique n'est en Algérie que la moitié de celle des trois ou quatre points du globe les plus favorisés sous ce rapport, et que le *cinquième* de la moyenne normale de l'Europe. (Dr de Pietra Santa. — Dr Feuillet. *La Phthisie en Algérie*, p. 11. Alger, Peyront, 1874.) La question est donc jugée au fond.

Quant à savoir à quelles formes de la phthisie convient particulièrement le climat algérien, nous estimons avec le docteur Landowski (*Journal de thérap.*, 25 juin 1877), avec le docteur Texier, directeur de l'École de médecine d'Alger

(Congrès de Genève), avec tous les médecins, pourrions-nous dire, — sauf deux ou trois qui n'out pas fait la lumière. sur ce point, — nous estimons que cette distinction doit être négligée dans l'état actuel de nos connaissances. « Vouloir se conformer exactement, dit le docteur Landowski, aux indications symptomatiques par la prescription de. tel ou tel climat, pour telle ou telle forme de phthisie, serait. entrer dans des subtilités qui; malgré toute leur valeur. théorique, ne présentent aucune utilité pratique... La marche de la phthisie peut affecter, chez le même individu, différentes formes... On voit souvent la phthisie torpide dégénérer en phthisie éréthique, et réciproquement. » — D'ailleurs, le docteur Feuillet et la plupart des phthisiographes considèrent le climat d'Alger comme également favorable à la forme torpide et à la forme éréthique (p. 141, *loc. cit.*).

Dans un mémoire présenté en 1857 à l'Académie de médecine, M. le docteur Champouillon a tenté, le premier, de classer les climats au point de vue de leur convenance thérapeutique, selon la forme et l'étiologie de la phthisie. D'après lui, le climat d'Alger serait indiqué dans les cas suivants :

1° Disposition héréditaire à la phthisie ; poitrine faible ;

2° Phthisie avec toux brève, fréquente, aride ; muqueuse pulmonaire irritable ;

3° Phthisie catarrhale ;

4° Phthisie chez les sujets opprimés par la tristesse ;

5° Phthisie à forme hémoptoïque ;

6° Phthisie colliquative.

Par contre, Alger ne conviendrait pas ;

1° Dans la phthisie chez les sujets lymphatiques ou scrofuleux ;

2° Dans la phthisie chez les sujets nerveux.

On voit combien cette classification est arbitraire. Nous ne rappellerons pas la critique qu'en a faite M. le professeur Fonssagrives ; nous n'insisterons pas davantage et laisserons le lecteur juge.

Nous conclurons, de tout ce qui précède, que le climat de

l'Algérie convient on ne peut mieux aux malades atteints ou menacés de phthisie..... sans adjectif.

Il est bien entendu qu'il ne convient pas seulement dans ce cas, et que d'autres valétudinaires, en grand nombre, pourront en faire leur profit. Les affections catarrhales sont rares et par conséquent guérissent promptement à Alger ; la goutte y est, pour ainsi dire, inconnue ; les rhumatismes ne s'y développent guère, et les quelques rhumatisants qu'on y rencontre y sont, en général, envoyés de Constantine, etc. ; mais ne nous occupons que des affections de poitrine.

La question de climat étant jugée, reste celle de l'emplacement où sera établi le *sanatorium* et du plan selon lequel il devra être disposé.

§ 2

Le Sanatorium à Tipaza

A l'égard de ce dernier point, j'ai déjà donné quelques indications générales dans l'*Union médicale* (Réponse à M. le docteur Biermond, 3 octobre 1876). Le *Journal de thérapeutique* du 25 juin 1877 a publié un plan d'ensemble de l'établissement, tracé par M. Emile Trélat, directeur de l'École d'architecture, et une vue perspective de Tipaza, avec l'emplacement de la future station hibernale, dessinée par M. Brochocki, et gravée sur bois. Je ne puis que résumer très-sommairement les données principales du projet :

Au pied d'un puissant massif de montagnes qui forment écran contre les vents d'ouest et de nord-ouest, les monts Chenoua, au bord de la mer, dans un vaste parc planté d'eucalyptus, on construirait une série de villas d'inégale grandeur, où logeraient les malades avec leurs familles ou leurs domestiques ; chaque villa serait entourée d'un jardin. Au centre seront placés les bâtiments généraux, comprenant les salons de conversation, de lecture, de jeux, de musique, le théâtre et les salles à manger pour les personnes qui préféreront prendre leurs repas en commun. Cette sorte de Casino sera reliée, par des promenoirs couverts, aux constructions où seront installés les services thérapeutiques : bains, douches, inhalations, pulvérisations, appareils pneumatiques, gymnastique, etc., etc.

Des médecins résidants exerceront un contrôle continuel sur les diverses parties de cette organisation, vivront avec les malades, qu'ils pourront diriger à chaque heure du jour et à propos de chacun de leurs *gestes*, et, enfin, ils auront à leur disposition tous les moyens de traitement qui ont été préconisés contre la phthisie, et qui seront réunis dans cette station modèle, et en quelque sorte, synthétique.

Le temps donc de prendre pied à Alger, et nous partons pour Tipaza, lieu de la future station hibernale.

CHAPITRE IV

§ 1

Alger

Je n'essayerai pas d'exprimer le doux éblouissement que
l'on éprouve quand, averti par les gens de l'équipage et par
le ralentissement de la marche du navire, on sort tout ahuri
encore de sa cabine, et qu'on se trouve en présence de l'ancienne capitale des Moghrebins, El Bahadja, la blanche.
Alger apparaît comme une carrière de marbre, aux flancs
d'une colline, entre le bleu foncé de la mer et le bleu pro-
fond du ciel, avec un éclat, une intensité de lumière dont nos
paysages ne peuvent donner l'idée.

Quand j'abordai pour la première fois cette terre d'Afrique
(c'était à la fin de septembre 1849), il me sembla que j'étais
transporté dans une autre planète. Tout était différent de ce
que j'avais vu jusqu'alors. La végétation, la couleur des ter-
rains, celle du ciel, la forme des maisons, le costume, la
langue et la tenue de ce peuple drapé, rien ne ressemblait à
ce que je venais de quitter. Quelques jours plus tard, tour-
nant le dos à la mer, je me dirigeais vers le sud, à travers le
Tell, et j'allais jusqu'au commencement du désert de Sahara.
L'impression changea; je n'étais plus dans une autre planète, mais celle-ci me semblait rajeunie de trois mille ans.
J'avais sous les yeux les personnages de la Bible. Les
pasteurs vêtus de blanc qui, pensifs, me regardaient passer,
appuyés sur de grands bâtons recourbés, m'apparaissaient
comme les fils de Jacob, et j'étais tenté de leur parler de

leur frère Joseph. Un jour, près de Boghar, sur les bords du Chéliff, je rencontrai une jeune femme arabe portant un vase sur la tête et tenant par la main un enfant nu ; c'était Agar : « Fais, lui dis-je, bonne provision d'eau pour que ton Ismaël ne meure pas de soif. »

Je crois que tous les voyageurs ont dû être saisis de la même illusion. Est-ce une illusion ? Mais non. La Bible est là, inaltérée et vivante comme aux anciens jours. C'est nous qui avons changé. Les patriarches pasteurs ont conservé leurs costumes, leurs habitudes, leur beauté et leur dignité primitives. La religion même s'est à peine modifiée ; Allah seul est grand, comme Jehovah, et c'est aussi par une bouche de prophète qu'il parle à son peuple. Ces races, particulièrement réfractaires à toute modification d'origine étrangère, demeurent immobiles, alors que nous nous agitons et que nous subissons des mutations incessantes. Nous sommes le flot, elles sont le roc. Voyez : Rome a tenu pendant quatre siècles la Gaule sous sa domination ; la Gaule est devenue romaine. Elle a adopté les mœurs, les coutumes, les vices, les idées, la langue de ses vainqueurs. Par contre, cherchez quelles traces Rome a laissées sur la terre d'Afrique après huit siècles d'occupation. Aucune. Pas même le souvenir ; à peine un nom qui signifie à la fois l'étranger et l'ennemi, et que ceux qui l'emploient ne savent à quoi rattacher ; le mot : Roumi. Restera-t-il davantage de nous et de notre souveraineté ? Cela me semble douteux. J'ai cependant, à la distance de quelques années qui sépare l'un de l'autre mes rapides séjours dans ce pays, constaté quelques changements extérieurs dans le costume et les habitudes des hommes du peuple à Alger. Ceux-ci ont abandonné la pipe, le tchibouck, qu'ils tenaient à la main, et ne fument plus que la cigarette, à l'exemple de nos troupiers. Cela dénote une activité plus grande et le besoin d'avoir les deux mains libres. Bon nombre de Biskris (portefaix) ont adopté le long sarrau de toile blanche que portent nos zouaves quand ils sont de corvée ; quelques-uns même ont le bourgeron bleu de nos débardeurs. « Tout dégénère, c'est la loi du progrès. » J'ai vu des Aïssaoua se livrer ainsi vêtus à leurs dégoûtantes jongleries ; et, enfin, sur le port, j'ai vu, non sans surprise, des indigènes jouer aux boules, à l'élémentaire « cochonnet », si cher aux honnêtes Savoyards. De plus, ils boivent tous de l'absinthe, et beaucoup boivent du vin, malgré les prohibitions du Coran. C'est peu de chose ! peut-être ?... On ne sait pas.

La ville elle-même a beaucoup changé ; mais je dois dire qu'à l'inverse de Lyon et de Marseille, les « embellissements » d'Alger ne m'ont causé qu'une satisfaction fort modérée. Le boulevard de la République se développe sur une longueur de 1,200 mètres, du Fort-Neuf au fort Bab-Azzoun ; il forme terrasse à 20 mètres au-dessus de la mer, et porte toute une rangée régulière de maisons à cinq étages et à arcades, comme celles de la rue de Rivoli. C'est très-beau ; mais il n'y a pas un arbre ; à certaines heures, il n'y a pas d'ombre, c'est trop intrépidement français. Combien je préfère la vieille ville ! Quel charme ! quelle fraîcheur, même aux heures les plus lourdes ! Quelle intelligence parfaite des exigences du climat ! Quelle entente de l'hygiène et du bien-être ! Les maisons mauresques, sans ouverture extérieure autre que la porte, n'ont qu'un étage, et sont couvertes en terrasses. Elles laissent entre elles, pour former les rues, des espaces tout juste assez larges pour qu'un âne chargé y puisse passer, et se rapprochent, à la hauteur de l'étage, presque à se toucher. Elles ne sont séparées que par une fente à travers laquelle on aperçoit le bleu indigo du ciel. Les rayons du soleil n'y pénètrent jamais, mais, frappant les terrasses, ils agissent comme un fourneau d'appel et déterminent un courant d'air qui monte incessamment des parties basses de la rue pour remplacer les couches supérieures dilatées par la chaleur. Le rapprochement extrême des étages, peu élevés d'ailleurs, est, en outre, une disposition prudente dans un pays où les tremblements de terre ne sont pas rares.

Partis de Marseille le mardi 20 mars, à six heures du soir, nous aurions dû aborder à Alger le jeudi 22, à six heures du matin. Le mauvais temps ne nous permit d'arriver qu'à midi. On ne nous attendait plus. La matinée du lendemain

fut consacree par nous à la visite de l'hôpital civil de Mustapha
inférieur. Une ligne de tramways y conduit de la place du Gouvernement. Je raconterai plus tard les choses intéressantes
que m'ont fait voir là MM. les professeurs Bruch et Trollier.
Je note, en attendant, que cet hôpital, qui contient 600 lits,
est installé dans des baraquements construits jadis pour un
quartier de cavalerie; qu'on y reçoit les indigènes et les
éléments si variés de la population d'Alger; et, enfin, que
M. le docteur Trollier, chargé depuis une trentaine d'années
du service des femmes en couches et des nourrices, n'y a pas
encore constaté un seul cas de fièvre puerpérale.

Le reste de la journée se passa, en partie, à la bibliothèque,
dont l'obligeant directeur, M. Mac-Carthy, mit à notre disposition les cartes et les divers ouvrages que nous voulions
consulter. Tout en nous montrant ses richesses, — la bibliothèque possède plus de 15,000 volumes et environ
2,000 ouvrages arabes manuscrits, — M. Mac-Carthy nous
fit l'effroyable récit de la mort du missionnaire Lepaulmier,
assassiné par le Touareg Menhir, qui, d'un seul coup de
sabre, lui enleva la tête et l'épaule. M. Lepaulmier avait
racheté 150 francs ce sabre pour le donner au Touareg à qui
il avait appartenu, et qui en connaissait la trempe extraordinaire.

Mais je raconterai cela avec le reste, — que j'ajourne.

§ 2

Le Chemin de fer

Le surlendemain de notre arrivée, à six heures du matin,
nous prenions place dans un wagon de la ligne d'Alger
à Oran, en assez nombreuse compagnie d'Arabes. Abraham
voyageant en chemin de fer! c'est imprévu et c'est saisissant!
A l'époque de ma première visite, il n'était question ni de
tramways ni de chemins de fer en Afrique. Du moins, il n'en.

était question que dans les conversations de deux ou trois personnages qui avaient l'air, je le crois bien, aussi fous l'un que
l'autre. Le premier était un vieux Parisien, — pourquoi ne le
nommerais-je pas? — M. Blondeau, qui habitait la rue Saint-
Georges, et que le hasard m'avait fait connaître en Algérie.
Le gouvernement venait alors de décider qu'une ville de
2,000 habitants serait fondée à Arzew-le-Port, dans la province
d'Oran (l'ancien *Portus magnus* des Romains. M. Blondeau
avait demandé la concession d'une voie ferrée qui devait faire
communiquer les salines avec la nouvelle ville. La distance
est de 16 kilomètres. L'originalité du projet consistait en ce
que la traction aurait été exercée, non par la vapeur, mais
par des autruches; par des autruches dont les plumes, soigneusement recueillies, eussent été, en outre, une source
de bénéfices considérables. L'originalité parut sans doute
trop grande, et le projet n'eut pas de suite. Toujours est-il
que, depuis, la domestication de l'autruche au cap de
Bonne-Espérance et la récolte facile des plumes ont donné
lieu à des fortunes colossales, et que le tramway, si rapidement adopté partout depuis trois ans, était là nettement
indiqué.

Le second de ces naïfs utopistes était votre serviteur, —
à moins que ce ne fût son ami et cher compagnon, le docteur Émile V... A cette distance, il est quelquefois malaisé de
reconnaître les idées qui vous appartiennent en propre ou en
communauté. Nous voulions qu'on établît un chemin de fer
qui, partant d'Alger et traversant le continent africain selon
son grand diamètre, aurait abouti au cap de Bonne-Espérance! Mais cela eût englouti des sommes formidables!
Nous avions calculé qu'en employant l'armée à ce travail,
autrement gigantesque que ceux de l'ancienne Rome, c'était,
au bas mot, une dépense de vingt milliards. Rien qu'avec ce
que nous a coûté la dernière guerre, on aurait pu en construire la moitié. La perte des hommes eût été beaucoup
moins considérable que celle causée par la guerre. Elle eût
produit des résultats magnifiques et d'incalculables bénéfices, tandis que nous ne savons pas au juste à qui et à quoi
ont profité les pertes subies pendant la campagne de 1870.

Sauf quelques banquiers français, notez-le bien, « français », qu'a enrichis le payement de notre rançon, voyez-vous que quelqu'un en soit plus fortuné? Nous aurions fait là, dans ce continent immense, une provision de territoires d'échange capables d'assouvir les plus âpres convoitises, etc. Mais je laisse à ceux de mes lecteurs qui ont quelque goût pour les rêveries le soin de développer les conséquences infinies de ce projet insensé. Je craindrais, en insistant, que mon excellent ami, M. le docteur Moreau, de Tours, ne se prît à songer que j'ai eu quelques hommes de génie dans ma famille. Sans modestie, je ne le crois pas.

Le chemin de fer d'Alger à Oran court d'abord à l'est, dans une direction diamétralement opposée à sa destination, entre la mer, à gauche, et la route de Constantine, à droite. Il contourne l'éperon du Sahel à la Maison-Carrée et s'infléchit au sud-ouest, en suivant la plaine de la Mitidja. La mer est remplacée à gauche par la chaîne de l'Atlas, dont les sommets sont, à cette époque (24 mars), couverts de neige. De chaque côté de la voie s'agitent, dans le vent que provoque le passage du train, les grands eucalyptus globulus. C'est un arbre d'une utilité merveilleuse, qui déjà fait mentir le jugement que portait Salluste sur l'Algérie, « *Ager arbori infecundus* », et avec lequel on pourra, paraît-il, conquérir le désert. Le conquérir, c'est possible; quant à l'ombrager, c'est autre chose. L'eucalyptus, avec ses feuilles tombantes, et tournées non pas parallèlement, mais perpendiculairement au sol, laisse librement passer les rayons du soleil. L'aspect n'en est pas agréable; on dirait qu'il a été flétri, froissé, mal emballé, et qu'il ne peut pas « reprendre. » — A Blidah, la voie s'infléchit de nouveau, et se dirige exactement à l'ouest, jusqu'à la station d'El-Affroun, où elle incline de nouveau un peu au sud.

§ 3

La Diligence

C'est à cette station que les voyageurs pour Cherchell et les pays intermédiaires doivent quitter le chemin de fer pour prendre la diligence, qui, tous les jours, fait le trajet entre ces deux points extrêmes : El-Affroun et Cherchell, séparés par 16 kilomètres. Nous en avions déjà parcouru 69 depuis notre départ d'Alger ; il était dix heures ; nous prîmes possession de la voiture, dans laquelle cinq places avaient été retenues pour nous, dès la veille. Cette voiture n'est pas grande. Elle se compose d'un intérieur à six places, et d'une banquette sur le devant, où deux personnes peuvent s'asseoir à côté du conducteur. C'est là que je m'installai, laissant deux braves Parisiens, descendus de wagon en même temps que nous, se caser dans l'intérieur avec mes compagnons. J'aime être au grand air, et voir les chevaux. Si j'avais une voiture, je ferais volontiers comme le docteur Félix Voisin (l'oncle), qui montait à côté de son cocher. Quand nous fûmes placés, on appliqua une échelle contre la diligence, et un nombre invraisemblable d'Arabes commencèrent l'escalade, se poussant, se bousculant, se disputant, parlant tous à la fois avec une volubilité singulière. Rien de plus dur à l'oreille que la langue arabe, rauque, gutturale, pleine d'aspirations sauvages et menaçantes, surtout quand elle est émise avec animation et colère. Ce rugissement se change en une voix d'une douceur extrême lorsque les Arabes s'expriment en français. Tout ce qui est du gosier disparaît ; ils parlent des lèvres, sans accent, mieux qu'aucun étranger, mieux que la plupart des Français eux-mêmes. Cela étonne tout d'abord ; mais on arrive à s'en rendre compte en vertu de l'adage : « Qui peut le plus peut le moins. » Pour le moment, je n'étais occupé que de leur vacarme, car ils se chamaillaient et montaient toujours. « Êtes-vous sûr de la solidité de la voiture ? dis-je au conducteur ; ils sont déjà plus de douze en lapins, là-haut. »

Le conducteur est un homme trapu, rablé, bien bâti, portant
de magnifiques bottes molles, comme un officier de spahis,
ayant les allures brusques et la voix brève d'un ancien sol-
dat, mais souriant volontiers sous ses épaisses moustaches,
ayant surtout par-dessus tout l'accent provençal, comme
s'il le faisait exprès : « Tire l'éçelle ! » cria-t-il au garçon
d'écurie. — « Mais, si je tire l'échelle, ils vont tomber »,
répondit celui-ci. — « Allons ! tire l'éçelle ! Què ça f....ait, si
tombent ! » Et il fouetta ses chevaux. Les Arabes sont d'ha-
biles gymnastes ; nous partîmes sans accident, mais non
sans inquiétude de ma part, à l'endroit du poids énorme que
nous avions au-dessus de nos têtes. Je n'y pensai bientôt
plus ; le territoire des Hadjoutes, que nous traversions, et
qui évoque à chaque instant le souvenir de nos anciennes
luttes, est d'une beauté merveilleuse. C'est là que se ter-
mine, à l'ouest, l'immense plaine de la Mitidja. (Elle a environ trente lieues de long sur cinq de large.) Elle n'est pas
encore, il s'en faut, entièrement cultivée, mais les travaux
de défrichement, depuis quelques années, ont été repris
avec vigueur et marchent grand train. On s'étonne que, dans
un pays d'une inépuisable fertilité, qui pourrait être le gre-
nier de la France comme il a été celui de Rome, on s'étonne
d'apercevoir des espaces considérables couverts de brous-
sailles, de palmiers nains et de lentisques ; — au point de
vue pittoresque, je dois dire que cela me paraît tout aussi
beau, et même plus beau que les cultures, — mais, enfin,
pourquoi, pendant des lieues, et des lieues encore, ces terres
incultes? Cela vient, me dit-on, de ce que l'impôt foncier
n'existe pas dans la colonie. Les propriétaires n'ayant rien à
payer pour ces terres qui leur ont été concédées à titre gra-
tuit, les laissent en friche, attendant que les années et les
progrès de la colonisation aient donné à leurs propriétés une
valeur plus grande. S'ils eussent été obligés, dès le prin-
cipe, de verser au fisc une redevance quelconque, ils auraient
cherché à tirer parti de ces terres, actuellement improduc-
tives, ou ils les auraient vendues, et tout le monde y eût ga-
gné. Il en est temps encore, et c'est un des cas où le système
des décrets, naguère soutenu au Sénat par le général Chanzy,

pourrait rendre d'incontestables services, en attendant le
système de l'assimilation, — que ne soutient pas l'honorable
général.

En passant à Ameur-el-Aïn, colonie agricole fondée en
1848, et dont la plupart des habitants sont aujourd'hui des
indigènes, un Arabe voulut à toute force monter sur la voiture. « Eh ben! va là-haut, dit le conducteur. Tu y es? —
Oui! — Eh ben, çerçes une place! — Il aura beau chercher,
dis-je, je le défie d'en trouver une. — Bah! il s'arranzera
touzours! »

Huit kilomètres plus loin, bon nombre de nos « lapins »
descendirent, au grand soulagement des chevaux, et, je
l'avoue, à ma satisfaction. Nous étions à Bou-Rkika, autre
colonie de 1848, qui reçut un renfort considérable de dé-
portés après 1852. Une demi-heure environ plus tard, nous
arrivions à Marengo, troisième colonie de 1848, et nous y
déjeunions de fort bon appétit. Il était près de midi. La
chère était médiocre, mais le vin du crû, provenant de vignes
françaises, nous parut aussi bon que le vin du Midi, haut en
couleur, avec un goût de terroir très-prononcé.

Nous avions le choix entre deux partis : quitter la diligence, prendre une voiture particulière qui nous conduirait
directement à Tipaza, distant de 12 kilomètres de Marengo,
ou continuer, avec notre conducteur, jusqu'à Cherchell. Ce
dernier parti fut adopté, d'après cet aphorisme « qu'en voyage
il faut commencer par aller jusqu'au bout si l'on veut avoir
des chances d'y arriver. » La voiture, allégée des Arabes,
nous emporta bientôt sur la route accidentée qui, par les
derniers contreforts des montagnes Beni-Menad, conduit de
Marengo à Zurich. Le paysage ici est vraiment admirable :
à droite, les monts Chenoua ; à gauche, dans le lointain, la
chaîne de l'Atlas dont quelques profils rappellent tout à fait
la conformation des Alpes savoisiennes. Ainsi, à cet endroit
même, entre Marengo et Zurich, on croirait voir le mont et
la dent du Chat, tels qu'ils apparaissent de la station de Ros-
sillon. Mais si le dessin est le même, la couleur est fort différente ; l'aspect est tout autre. L'impression causée par ces
paysages d'Afrique est une impression de grandeur écla-

tante, d'immensité lumineuse qui, je le répète, n'a pas
d'analogue dans nos contrées brumeuses. En face de la route
qui suit les ondulations des Beni-Menad, on voit les sommets
des Beni-Menasser, qui ferment l'horizon, et, dans l'axe
même de la route, le. Djebel Mohammed-ben-Ali, apparte-
nant à ce dernier groupe de montagnes. A partir d'El-Affroun,
on l'a sans cesse devant les yeux, comme une colossale borne
miliaire en outremer pur : « Quel est, dis-je à notre conducteur, le nom de cette montagne en pyramide sur laquelle
nous nous dirigeons? — Ze sais pas ; nous l'appelons le pain
de sucre ! »

A Zurich, défendu de chaque côté de la route par des murs
crénelés, la première chose qui frappe ma vue, c'est une
enseigne de cabaret : « Au veau qui tette. » Souvenir d'un
autre âge et du vieux Paris disparu ! Zurich est aussi une
colonie fondée en 1848 avec les transportés de juin. Dans
une intention stratégique, le génie militaire détermina l'emplacement du village, en plein marais, sur les deux rives de
l'Oued-el-Hachem. La première population dura deux ans et
demi. A cinquante mètres plus haut, on n'aurait pas eu un
malade et on aurait tout aussi bien, sinon mieux, défendu
le passage de la vallée. Je laisse à mon savant confrère, le
docteur D..., ancien chirurgien militaire fixé dans le pays,
la responsabilité de cette appréciation. « Oued, me dit le
conducteur que j'interrogeais, ça veut dire : rivière ; et,
ajouta-t-il en allongeant ses lèvres d'une façon comique, ça
se prononce « Ued » pendant l'été. — Comment, pendant
l'été ? fis-je naïvement. — Eh oui, parce que pendant l'été il
n'y a pas d'eau. » Il était si enchanté de ce mauvais calem-
bour, qu'il devint communicatif, et me fit suivre avec com-
plaisance les traces d'un aqueduc romain qui se montre à
chaque pli de la montagne à gauche de la route, et qui, en
approchant de Cherchell, traverse la vallée sur de hautes
arcades encore fort imposantes. Un peu plus loin, il arrêta
sa voiture, au risque de se mettre en retard, et, nous faisant
gravir un petit monticule, il nous montra de fort belles
tombes romaines récemment découvertes. C'était, disait-il,
la sépulture de saint Augustin. Les fragments d'inscriptions

qu'il nous fut donné de lire ne portaient que des noms de femmes. Le docteur Landowski mit dans son mouchoir un crâne assez bien conservé, pour en faire hommage à M. le professeur Broca.

§ 4

Cherchell

A deux heures nous arrivions à Cherchell. En l'absence du maire, M. le docteur Durand, ancien chirurgien de l'armée, voulut bien nous accompagner au vallon Louvrier, dont on nous avait parlé comme d'un emplacement convenable pour le sanatorium. Nous revînmes dîner ensemble à l'hôtel du Commerce, où nous étions descendus. C'est une maison petite et d'apparence modeste, tenue par des dames espagnoles. Mlle Marguerite, qui commande en chef, et qu'on désigne volontiers dans la colonie française sous le nom d'Inès de Castro, s'est proposé, je crois, de faire tomber toutes les préventions traditionnelles contre les *posadas* de son pays natal. Les chambres sont d'une propreté exquise, et l'on nous servit le meilleur dîner qui ait jamais été préparé dans un hôtel.

M. le docteur Durand nous mit en rapports avec M. le docteur Moussa, qui faisait le service de l'hôpital militaire de Cherchell, et ce nous fut un grand plaisir que de passer la soirée avec ces aimables et très-sympathiques confrères. Tous les deux nous confirmèrent la parfaite salubrité de Cherchell (ancienne Cæsarea); aucune maladie endémique n'y règne, et l'on n'y observe que des affections purement accidentelles. C'est sans doute cette immunité qui détermine beaucoup d'anciers officiers et de fonctionnaires à y fixer leur résidence. L'aspect en est sévère, âpre, triste comme celui de toutes les villes qui ont été plus peuplées qu'elles ne le sont; il y a plus de vides que de maisons; celles-ci se composent d'un rez-de-chaussée avec une toiture de tuiles creuses et d'une cour couverte de vigne. Sur les places gisent de grands fûts de colonnes en marbre, des chapiteaux, des débris de constructions romaines. On se croirait dans un Herculanum ou dans un Pompeï, récemment déblayés.

Le lendemain matin, dimanche, j'allai saluer M. le docteur Wahu, qui habite, à l'extrémité sud de la ville, une charmante maison, d'un calme idéal; — et visiter le musée, qui, pour être en plein air, n'est pas moins intéressant. Il est formé exclusivement de sculptures romaines : groupes, figures, bustes, bas-reliefs, inscriptions, qu'on a pris simplement la peine de ramasser. Les morceaux les plus remarquables ont été envoyés au musée d'Alger. Des fouilles bien dirigées mettraient au jour des trésors d'art inestimables. Tout porte à le supposer.

Cherchell est séparé de Tipaza, à l'est, par le massif des monts Chenoua, dont l'épaisseur mesure environ 20 kilomètres, et dont la plus haute cime s'élève à 1,000 mètres environ. Des chemins praticables aux chevaux conduisent d'une ville à l'autre. Mais nous étions nombreux, et il nous parut préférable de louer un break pour nous ramener d'abord à Marengo (26 kilom.) et, de là, nous mener à Tipaza (12 kilom.); c'était le plus long, mais le plus sûr, et il nous importait d'arriver à cette dernière localité par la route ordinaire.

Je m'aperçois que j'ai oublié de présenter au lecteur mes compagnons de voyage : le docteur Landowski, déjà nommé; le docteur Ducoux, de Buenos-Ayres, que j'avais connu à Aix l'été précédent, et qu'un hasard heureux m'avait fait retrouver à Alger ; M. Guiochain, architecte du gouvernement, et M. Brochocki, peintre.

Les deux Parisiens qui étaient montés dans la diligence d'El-Affroun avaient déjeuné avec nous à Marengo, et comme nous étaient descendus, à Cherchell, à l'hôtel du Commerce. C'étaient d'honnêtes bourgeois du Marais. Ils faisaient un voyage d'agrément, et se proposaient, entre autres pèlerinages, de visiter le tombeau de la Chrétienne, qui est, en réalité, le tombeau de la famille du roi Juba, situé non loin de Tipaza, au sommet du Sahel, et au-dessus du lac Halloula.

Ils quittèrent Cherchell à six heures du matin, avec le courrier, et nous précédèrent à Tipaza. Je les retrouvai plus tard à Alger, et leur demandai des nouvelles de leur excursion. « Nous avons mis deux heures, me dirent-ils, à gravir la montagne. Arrivés au tombeau, nous avons pensé qu'il faisait frais là-dedans, et que ça nous donnerait du mal... — Alors? dis-je. — Alors, nous n'y sommes pas entrés. Vous comprenez, nous étions en transpiration. — Eh bien, repris-je, vous pourrez, sans crainte de vous enrhumer, aller voir au musée d'Alger la reproduction qu'en a faite M. Latour. Vous auriez pu même la voir au palais des Champs-Élysées, sans quitter Paris. »

§ 5

La Route

Notre break était conduit par un jeune Arabe, bien découplé, très-brun, ayant des yeux noirs comme des trous, et vêtu d'une veste maltaise qui rendait ses mouvements plus libres. Deux petits chevaux, ardents et dociles, enlevèrent la voiture au grand galop aussitôt qu'on leur rendit la main, et conservèrent cette allure une grande partie de la route.

Pendant que nous refoulions notre voie (comme disent les veneurs) de Cherchell à Maréngo, je me mis à causer avec notre cocher, et je ne sais comment nous vînmes à parler du Ramadan. C'est le jeûne, très-rigoureux, qu'impose le Coran. Durant tout un mois (le neuvième), rien, absolument rien, ni aliments, ni boissons, ni fumée même, ne doit entrer dans la bouche des fidèles musulmans, depuis le lever jusqu'au coucher du soleil. Un moustique qui, bien involontairement, serait avalé, romprait le jeûne et ce serait à recommencer. L'année turque est lunaire; il en résulte que l'époque du Ramadan appartient successivement à toutes les saisons; on voit que l'observation du jeûne absolu tant que le soleil brille au-dessus de l'horizon, est autrement pénible l'été que l'hiver. J'en faisais la remarque, sans songer que mon interlocuteur n'était pas du tout placé au même point de vue que moi. — « Alors, me dit-il tout à coup, tu ne crois pas que c'est l'ange Gabriel qui a apporté à Mohammed le feuillet du Coran où est ordonné de faire Ramadan ? — Ma foi, non ! — Tu n'as donc pas plus d'intelligence que l'âne et le mulet, qui ne le croient pas non plus ? » — Il m'avait dit cela tranquillement et gravement. — « Et toi, repris-je, tu ne crois pas que les animaux aient un Dieu ? » — Il hésita, puis, fixant sur moi ses yeux profonds, il me dit : « Ils ont l'homme ! »

La route de Marengo à Tipaza traverse une forêt magnifique qui nous fit penser à la forêt d'Orléans. Plusieurs des essences d'Europe : l'orme, le tremble, le charme élèvent leur haute futaie parmi les chênes-verts, les lauriers, les tamarins, les chardons géants et les aubépines qui, dans ce pays, sont de véritables arbres. On passe ensuite à gué, au fond d'un petit ravin charmant, un des affluents de l'Oued-Nador, — fleuve en miniature dont la prononciation ne varie pas, car il ne tarit jamais, même à la fin des étés les plus secs. C'est tout près de là que sera situé un village nouveau, dont la création vient d'être décidée par le Conseil du gouvernement de l'Algérie. Bientôt nous apercevons les ruines de l'ancienne cité romaine, et nous descendons de voiture chez M. Trémaux, concessionnaire et maire de Tipaza. Ce fut pour nous tous un plaisir très-apprécié, et pour moi une surprise des plus agréables que d'être reçu, dans cette localité un peu abandonnée, par un homme du meilleur monde, mon compatriote, qui s'empressa de mettre à notre disposition son temps, son érudition, sa maison et sa magnifique bibliothèque. Qu'il veuille bien, ainsi que sa digne et affable compagne, recevoir ici le témoignage de notre reconnaissance pour la précieuse et cordiale hospitalité qui nous a été offerte chez lui.

§ 6

Tipaza

Dans un premier voyage d'exploration entrepris en 1876, M. le docteur Landowski avait choisi avec une rare sagacité la plage de Tipaza pour l'emplacement de la station hibernale qu'il se propose de fonder en Algérie. Aux divers points de vue de la salubrité, de la douceur du climat et du charme pittoresque, on peut considérer ce coin de terre comme sans égal. Si tant de riches familles romaines, — à en juger par l'importance des ruines qui couvrent le sol, — étaient venues se joindre à la colonie de vétérans qu'y avait établie l'empereur Claude, c'est que nulle part peut-être ne se trouvent réunis de plus nombreux motifs d'attraction : Une mer admirable et sans limites ; — une plage de sable fin et doucement inclinée qui réalise les conditions désirables pour les bains à la lame (c'est là que se baignent, l'été, tous les colons des contrées voisines); — une rivière charmante, aux bords sinueux et ombragés, rappelant les plus jolis aspects de l'Oise, et, — nous l'avons déjà dit, — ne tarissant jamais ; — un pays accidenté offrant de tous côtés des promenades faciles et intéressantes ; — enfin le massif imposant des monts Chenoua, dont l'éperon de marbre, Raz-el-Amouch, forme le promontoire occidental du petit golfe de Tipaza et qui abritent la région située à leur pied contre les vents d'ouest et de nord-ouest, les seuls qu'on ait à redouter pendant l'hiver. C'est là, à cause de cet abri parfait, entre la rivière Nador et les premières pentes de la montagne (djebel Chenoua), exposées à l'est, que sera la station.

L'Exposition universelle qui va s'ouvrir montrera aux visiteurs, à l'aide de peintures panoramiques et de plans en relief, que cette localité privilégiée possède tout ce qu'il faut pour remplacer Madère comme séjour d'hiver, — Madère, qui est trop éloigné de nous, et qui, d'ailleurs, n'appartient pas à la France.

Tipaza est à 60 kilomètres d'Alger. On peut, de cette dernière ville, s'y rendre par trois voies différentes : 1° par mer, lorsque le temps est beau, soit en balancelle, soit en petits yachts à vapeur, qui font le trajet en trois heures ; 2° par la route du littoral, tracée en corniche sur les pentes du Sahel, et qui, d'un bout à l'autre, est une merveille. Des relais placés à Bou-Ismaël permettraient de faire le trajet en cinq heures ; 3° enfin, par la voie que nous avons suivie, c'est-à-dire le chemin de fer (ligne d'Alger à Oran) jusqu'à El-Affroun ; le courrier (de cette station à Cherchell) jusqu'à Marengo, et une voiture particulière de Marengo à Tipaza. C'est, au total, un voyage de six heures.

L'éloignement de Tipaza est la principale objection qu'on nous ait faite contre son adoption. « Sans doute, nous a-t-on dit, l'emplacement est incomparable et vos pensionnaires y trouveront rassemblés tous les avantages qui sont actuellement disséminés dans les diverses stations que recommandent les médecins. Ils y jouiront d'un calme précieux, d'un air pur et sans poussière, à l'abri du vent, d'une température égale et douce. Pour les anémiques, les rhumatisants, les goutteux, etc., vous avez la mer et de nombreuses sources minérales tout autour de vous : alcalines à El-Affroun ; salines et ferrugineuses à Hamman-Rir'a ; ferrugineuses à Aïn-Hamza ; gazeuses simples à Aïn-Karsa et à Mouzaïa-les-Mines ; sulfureuses à Aïn-el-Barroud et Berrouaghia, etc. Le voisinage de la Montagne vous donnera la possibilité d'échelonner des constructions légères, — c'est le pays des tentes, — du rivage de la mer jusqu'à la hauteur de 1,000 mètres, et de soumettre vos malades à des pressions variables et appropriées (phthisiques, asthmatiques, dyspnéiques). La montagne est, en outre, un instrument merveilleux de gymnastique respiratoire, et celle-ci, le Djebel-Chenoua, appelle irrésistiblement les promeneurs. D'un accès facile, elle offre partout des replis imprévus, des ravins boisés au fond desquels coulent des sources fraîches, et une richesse incroyable de végétation. La plaine qui s'étend à ses pieds, les bords de la rivière et de la mer sont également des invitations continuelles à la promenade et l'occasion de découvertes pleines d'intérêt pour le naturaliste, l'archéologue, l'historien, pour le simple curieux des sculptures et des architectures antiques. Que peut-on rêver de mieux pour une classe de malades dont le besoin suprême et le remède souverain s'expriment par la même formule : « Vivre dehors? »

« Sans doute la rareté de la population vous permettra de vous étendre à l'aise, et de tailler, comme on dit, en plein drap. Vous pourrez, n'ayant pas à ménager l'espace, entourer chacun des pavillons destinés à vos malades, de vrais jardins et de plantations sérieuses. L'isolement sera donc réel, s'il est voulu, et chaque malade, absolument indépendant chez lui, ne trouvera les distractions de la vie en commun qu'aux heures qui lui conviendront. Vous pourrez, dans ce pays fertile, établir les fermes que vous voudrez, et sur la concession de 200 hectares qui a été faite au docteur Landowski, élever le bétail nécessaire à la colonie; le lait de cavales ne vous manquera pas pour fabriquer le koumys; les vaches, chèvres, ânesses, chamelles et brebis, vous fourniront du lait en abondance. Le village de Nador, dont la création à 6 kilomètres de Tipaza est décrétée, vous approvisionnera de toutes choses, etc., etc. Oui, tout cela est vrai, tout cela est bien, mais votre station sera trop loin. Pour des Français, c'est déjà un grand voyage que d'aller à Alger; s'il faut aller au delà, il est à craindre qu'on y renonce. D'ailleurs, tout le monde connaît Alger de réputation; bien peu de personnes ont entendu prononcer le nom de Tipaza. Il faut y habituer les médecins d'abord, le public ensuite. C'est à Alger qu'abordent les navires; à peine débarqué, le malade ressent les bons effets du climat. Pourquoi, dira-t-on, quitterait-il cette capitale magnifique, pleine de ressources et de plaisirs de tous genres pour aller, dans une région inconnue, chercher des conditions qui ne valent peut-être pas mieux au point de vue hygiéno-thérapeutique, et qui sont certainement inférieures sous le rapport de l'agrément? Les personnes auxquelles il s'adressera à Alger, et celles qui seront venues avec lui le confirmeront, c'est plus que probable, dans ce sentiment.

« Un courant de plus en plus considérable porte les phthisiques en Algérie. On a évalué à 24,000, pour l'année dernière, le nombre des malades arrivés d'Europe. La plus grande partie débarque à Alger. C'est donc à Alger même qu'il faut organiser quelque chose pour les recevoir, au moins provisoirement. »

CHAPITRE V

J'ai hâte de terminer, et je résume rapidement ce qui précèe : A tous les points de vue, l'Afrique est à l'ordre du jour. Des efforts énergiques sont faits de tous côtés pour explorer ce vaste continent. Dans ce but, la Belgique et l'Angleterre possèdent de puissantes Sociétés. Notre colonie se développe, depuis quelques années, dans des proportions inespérées ; la population commerçante française s'y accroît sensiblement, et la population anglaise riche semble avoir adopté les environs d'Alger, et, en particulier, les collines en amphithéâtre de Mustapha-Supérieur, comm elieu de plaisance. Les moyens de communication se multiplient, et les distances sont abrégées par la création de nouvelles voies de transport. La ligne de Port-Vendres enlèvera douze heures à la durée de la traversée ; celle de Carthagène franchira la Méditerranée en huit heures, et déjà l'on parle de passer le détroit de Gibraltar dans un tunnel sous-marin, ce qui serait sans contredit le meilleur des remèdes contre le mal de mer.

D'un autre côté, jamais on ne s'est plus ni mieux occupé du traitement de la phthisie. Grâce aux travaux considérables de ces dernières années, la lumière est faite sur bien des points restés obscurs jusqu'ici, et, à l'heure présente, il n'est pas un seul médecin qui mette en doute la curabilité, soit spontanée, soit provoquée, de la phthisie. Il n'en est pas un qui ne soit convaincu que cette curation doit être demandée aux agents hygiéniques et, principalement, à l'influence du climat. Le Conseil municipal de Paris voudrait soumettre à M. le Préfet de la Seine le projet de fonder dans le Midi, sur les bords de la Méditerranée, un hôpital destiné aux phthisiques. Or, de tous les climats, le plus favorable paraît être, sous ce rapport, celui de l'Algérie; aussi, l'affluence des malades et des valétudinaires y augmente-t-elle d'année en année. Cette population, sans cesse croissante, et qui a des exigences spéciales, réclame pour elle la création d'établissements où elle serait soignée, dirigée, installée autrement et mieux que dans les hôtels ordinaires.

La science réclame davantage; elle veut fonder, dans une situation choisie avec discernement, et où rien n'entravera son action, un *sanatorium* modèle qui satisfera à tous les *desiderata*.

L'idée en appartient à M. le docteur Landowski. Nous n'avons fait que l'aider de nos conseils pour la détermination précise de l'emplacement des villas sanitaires et du parc.

De plus, en présence des objections faites contre Tipaza, et tirées de la distance qui sépare d'Alger cette station; des lenteurs que devait entraîner l'achat des territoires nécessaires; de la difficulté de réunir le capital, relativement considérable et immédiatement disponible qu'exigera la construction de toutes pièces d'un établissement aussi complexe; en présence de toutes les bonnes raisons qui militent en faveur d'Alger, nous fîmes sans peine prévaloir cette opinion, qu'il ne fallait pas choisir l'une ou l'autre des localités visées, mais les adopter toutes les deux. Il fut convenu qu'un établissement, moins grandiose, serait ouvert à Alger, afin de prendre possession; toute une semaine d'explorations patientes, et, d'ailleurs, fort agréables, aux environs de la ville, nous permit de trouver à Mustapha-Supérieur un emplacement convenable sous tous les rapports. L'été devait suffire pour faire les travaux d'appropriation indispensables, et la campagne aurait pu s'ouvrir au commencement de l'hiver 1877-1878. Mais la crise que traversa la France, du mois de mai au mois de décembre, remit tout en question. Aujourd'hui, le projet est repris avec une ardeur nouvelle; une Société sérieuse est constituée qui, je le souhaite, ne se laissera pas distraire de son œuvre par les pompes et les attraits de l'Exposition universelle. — Il serait trop regrettable de laisser à d'autres l'honneur de réaliser un progrès dont on a conçu l'idée.

Ami lecteur, j'aurais voulu vous conduire avec moi au palais du gouverneur, à l'hôpital du Dey, aux bains maures, dans les cafés indigènes, où l'on se livre au kiff (haschisch), chez les nègres un jour de sacrifices, chez les Aïssaoua, etc., mais je crains de vous avoir trop longuement fatigué. Je vous dis : Au revoir! si vous le voulez, et je vous prie d'excuser les fautes et le bavardage de votre tout dévoué serviteur.

TABLE DES MATIÈRES

5620. — Paris. Imprimerie Félix Malteste et Cie, 22, rue des Deux-Portes-Saint Sauveur.